# Marketing Digital y Ventas

## Una Guía Completa para el Marketing Digital y Ventas

Ismael Villa Machuca

Ismael Villa Machuca – www.educadigitalmente.com

Octubre de 2021

ISBN: 9798495522756

Copyright © 2021 Ismael Villa Machuca

villamachucaismael@gmail.com

Todos los derechos reservados. Queda prohibida, sin autorización escrita del titular, la reproducción total o parcial de esta obra por cualquier medio o procedimiento, comprendidos la reprografía y el tratamiento informático.

## DEDICATORIA

Dedico este libro

a todos los emprendedores

del mundo, para que sea fácil,

aumentar sus ventas.

## ÍNDICE

**Introducción** .................................................. 14
**Capítulo 1: Mente Millonaria** ........................ 18
    **Ventas, Una Habilidad Para Vivir** ............... 18
    **Aprende a Venderte** ..................................... 22
    **La Actitud en las Ventas** ............................. 26
**Capítulo 2: Pasos de la Venta** ....................... 31
    **Los Cuatro Pasos de la Venta** ..................... 31
    **Paso 1: Prospectar** ........................................ 33
    **Marketing Digital** ........................................ 36
    **Paso 2: Presentación de la Venta** ............... 38
    **1.- Ama a tus Clientes.** ................................. 45
    **2.- Conocer a las Personas.** .......................... 46
    **3.- Las Necesidades se Descubren.** ............. 46
    **4.- Conéctate con tus Clientes.** ................... 46
    **Venta en Frío** ................................................ 47
    **Ventas Digitales** ........................................... 51
    **Calentar digitalmente al cliente** ................. 52
    **Diferencia entre precio y oferta** .................. 53
    **No Cometas Errores Digitales en las Ventas** ............... 54
    **Método de Ventas PSDC** ............................. 70
        **Problema** ................................................. 71
        **Solución** ................................................... 76

| | |
|---|---|
| Deseo | 77 |
| Cierre | 78 |
| El Resumen del Método PSDC | 79 |
| Paso 3. Responder las Objeciones en Ventas | 84 |
| Objeciones en Ventas | 85 |
| Requisitos para Manejar las Objeciones | 85 |
| La Regla del 6 | 85 |
| Objeción 1: Lo Siento Solo Tengo 5 Minutos | 89 |
| Objeción 2: Es Muy Caro | 89 |
| Objeción 3.- No Nos Queda Presupuesto | 94 |
| Objeción 4: Necesitamos el Dinero Para Otra Cosa | 96 |
| Objeción 5.- No Me lo Puedo Permitir | 96 |
| Objeción 6.- Tenemos Muchas Deudas | 97 |
| Objeción 7: ¿Por qué comprarlo de tu empresa, si puedo conseguirlo más barato en otro sitio? | 98 |
| Objeción 8: Tengo un Contrato de Permanencia de 2 Años con Otro Proveedor. | 98 |
| Objeción 9: No me Gustan los Contratos. | 98 |
| Objeción 10: Estamos Contentos con Nuestro Proveedor Actual. | 99 |
| Objeción 11: Tu Competencia nos da Más | 101 |
| Objeción 12: Nunca he Escuchado Hablar de tu Empresa | 101 |

**Objeción 13: Tu Producto o Servicio es Demasiado Complicado** .............. 101

**Objeción 14: Tu Producto o Servicio no es una Prioridad Ahora** ....................... 102

**Objeción 15: No es Importante en este Momento** .... 103

**Objeción 16: Tu Producto o Servicio no Funcionaría para mí** ............................................................. 103

**Objeción 17: Creo que no me has Entendido Necesitamos una Solución con X no con Y** ............... 103

**Objeción 18: En esa Área Estoy Bien, no Necesito Ayuda** ................................................................ 104

**Objeción 19: Llámame en X Días** ............................... 105

**Objeción 20: Estoy Muy Ocupado para Dedicarle Tiempo a esto Ahora** ................................. 106

**Objeción 21: No Estoy Interesado** ............................. 108

**Objeción 22: ¿Cómo conseguiste mis datos?** ......... 109

**Objeción 23: Mejor Envíame la Información y yo lo Miro** ..................................................................... 110

**Objeción 24: Tengo que Hablar con mi Pareja** .......... 110

**Objeción 25: Tengo que Hablar con mi Socio** ............ 112

**Objeción 26: No lo sé, Necesito Pensarlo** ................. 113

**Objeción 27: Te Odio** ................................................ 115

**Objeción 28: Ya Vino Alguien** ................................... 115

**Objeción 29: Me Siento Cómodo como Estoy** ........... 116

Objeción 30: Déjalo Aquí, Dame un Tiempo para Pensarlo. ................................................................. 116

Objeción 31: La Empresa XYZ es Mejor ...................... 116

Objeción 32: Todos Ofrecen muy Buen Servicio, pero Después no dan Seguimiento ...................................... 117

Objeción 33: No sé si Debería Comprarlo Ahora, o Esperar un Poco ...................................................... 117

Utiliza Testimonios para Responder a las Objeciones ................................................................................ 119

Paso 4: Cerrar la venta ............................................... 120

Preguntas de cierre: .................................................... 121

Personalidad del Vendedor ........................................ 124

La Psicología del Cierre .............................................. 131

El Prospecto Tiene la Razón ...................................... 133

El Entusiasmo del Vendedor ..................................... 133

Incrementa el Deseo de Comprar ............................. 134

Sea Creativo para Vender .......................................... 135

La Desaparición Hace que Tomen Acción ................. 136

Ventas Poderosas, Usando dos Frases ...................... 137

Técnicas de Cierre Triunfadoras ................................ 139

Cierre Ascendente ..................................................... 140

Cierre de Bienvenida ................................................. 143

El Cierre Silencioso .................................................... 144

Cuando te Preguntan, Responde con otra Pregunta. 145

**Cierre sin Opción** ...... 146
**Cierre Supongamos** ...... 146
**El Cierre del Ángulo Agudo** ...... 147
**El Cierre de la Reversión Instantánea** ...... 150
**El Cierre Cambio de Posición** ...... 153
**El Cierre de Invitación** ...... 154
**El Cierre Sándwich** ...... 155
**Cierre Ultimátum** ...... 158
**El Cierre Secundario** ...... 159
**El Cierre Alternativo** ...... 161
**El Cierre Supuesto** ...... 162
**El Cierre Resumen** ...... 163
**El Cierre Cachorro** ...... 164
**El Cierre por Equivocación** ...... 164
**El Cierre Benjamín Franklin** ...... 165
**El Cierre Formulario de Orden de Compra** ...... 167
**El Cierre de la Historia Relevante** ...... 168
**El Cierre de Retirada** ...... 170
**El Cierre Tipo Hoy Nada Más** ...... 172
**El Cierre de la Venta Perdida** ...... 172
**Cierre Pidiendo Referidos** ...... 174
**Cierre Up Selling y Cross Selling** ...... 175
**Up selling:** ...... 175

**Cross selling:** ............................................................ 176
**Capítulo 3: Seguimiento de ventas** ................................. 178
    **Seguimiento 1:** ........................................................... 179
    **Seguimiento 2:** ........................................................... 181
    **Seguimiento 3:** ........................................................... 182
    **Seguimiento 4:** ........................................................... 185
    **Seguimiento 5:** ........................................................... 185
    **Seguimiento 6:** ........................................................... 186

Ismael Villa Machuca

Nació el 8 de mayo de 1973, en la Compañía Minera Astohuaraca, distrito de Santa Ana, provincia de Castrovirreyna, región de Huancavelica, Perú.

Realizó sus estudios secundarios en el Colegio Nacional de Ciencias y Artes La Victoria de Ayacucho en Huancavelica.

En 1996 se capacitó sobre Calidad Total y Liderazgo en el Instituto de Desarrollo Humano. Su estudio superior lo realizó en el Instituto Superior Pedagógico Estatal de Huancavelica, obteniendo el título el año 1998, en la especialidad de Matemática. En el Año 2002, estudió en el Instituto Peruano de Administración de Empresas, en el programa de Desarrollo Empresarial. En el año 2003, se capacitó sobre Creación y Gestión de Negocios, en el Colectivo Integral de Desarrollo. En el año 2004, en el Concurso Nacional Haz Realidad tu Negocio, quedó en el noveno puesto. En el año 2004, ganó el IV Concurso Nacional de Innovaciones Educativas, con el proyecto: Elaboración de Textos Impresos Significativos para la Comprensión Lectora. Estudió en la Universidad Nacional Federico Villarreal obteniendo el título en la especialidad de Matemática y Física en el año 2005. En el año 2012 fue conductor del programa radial Huancavelica Emprendedor.

Su primera maestría lo realizó en la Universidad César Vallejo, en la mención de Magíster en Administración de la Educación en el año 2014. Estudió diplomado en Gestión de los Aprendizajes en la Universidad César Vallejo en el año 2014. En el año 2015 obtuvo la Certificación Internacional de la Microsoft en Microsoft Office Specialist Master. En el año 2015 ha sido finalista en el Concurso Nacional el Maestro que Deja Huella, organizado por Interbank con el proyecto: Huancavelica Emprendedor.

Su segunda Maestría lo obtuvo ganando la Beca Presidente de la República, en la Universidad San Ignacio de Loyola, en la mención Didáctica de la Enseñanza de las Matemáticas en Educación Secundaria, en el año 2016. También obtuvo el diplomado en Investigación e Innovación Educativa en la Universidad Facultad de Teología Pontificia y Civil de Lima, en el año 2016. Estudió el Diplomado en Entornos Virtuales de Aprendizaje en la Universidad Señor de Sipán, en el año 2016.

En el año 2016 ocupó el primer puesto en el Concurso Nacional Premio Horacio Zeballos Gámez, en el Área de Proyectos Innovadores de Enseñanza – Aprendizaje Utilizando las TIC. En el año 2016 publicó el libro: Estrategia Didáctica Utilizando Videotutoriales Matemáticos para enseñar y aprender Matemática, con depósito legal en la Biblioteca Nacional del Perú N° 2016–16256, con ISBN 978-612-00-2480-5. En el año 2018 publicó el libro: Te Quiero Contar Cuentos que te Encantará, con depósito legal en la Biblioteca Nacional del Perú N° 2018-12907, con ISBN 978-612-00-3592-4. En el año 2019 publicó el libro: Te Quiero Declamar Poemas en Quechua, con depósito legal en la Biblioteca Nacional del Perú N° 2019-08914, con ISBN 978-612-48050-3-5.

En el año 2020 funda su negocio digital Educa Digitalmente www.educadigitalmente.com para profesores y emprendedores del mundo.

## Introducción

Me alegra que hayas tomado la decisión de adquirir este libro para que lleves tu vida al siguiente nivel con un fuerte compromiso, depende de ti tu éxito y sé que lo pondrás en práctica, todo lo aprendido. En este libro encontrarás aspectos importantes sobre Marketing Digital y Ventas. También encontrarás de manera práctica y sencilla la estrategia de marketing digital y la técnica de ventas más poderoso, que te ayudará a obtener grandes cantidades de dinero, para tu libertad financiera que tantos buscas.

La diferencia entre el vendedor promedio y el vendedor profesional, es que el vendedor profesional tiene un alto grado de compromiso, de vender y generar ingresos económicos. Cuando tú vendes, ayudas a las personas, mejoras la calidad de vida de las personas.

Este libro te orientará a cómo debes mejorar tus ventas de manera profesional, porque sin ventas no hay progreso en los negocios, sin ventas no hay dinero, sin ventas no hay ingreso económico. Todos queremos ingreso económico.

Aquí encontrarás los pasos claves en el proceso de venta profesional que te llevarán al siguiente nivel en las ventas, que es lo que más deseas en tu negocio como empresario.

Te orientaré de cómo vas a prospectar para conseguir prospectos, luego hablaremos de la presentación irresistible, después si es que hay objeciones de parte de los prospectos, aprenderás a responder de manera profesional para que luego puedas cerrar la venta, y así generar ingresos económicos de manera fácil y práctica.

Te pido que lo leas, lo analices, lo practiques. De nada valdrá si lo lees, sabes y no lo aplicas en tu negocio para que sea fácil tus ventas.

Tú puedes, tú puedes mejorar tus ventas, todo es posible, lo harás porque todo lo que está escrito en este libro, te ayudará si lo aplicas en tu negocio, nada es imposible.

Recuerda que, como vendedor, tienes que tener una mentalidad positiva de que, si se puede, no permitas pensamientos negativos, que te limitan en tus ventas. Hazlo siempre con optimismo, con energía, con valor, coraje, todo es posible, todo depende de ti.

Además, debes tener en cuenta de que, si no lo haces ahora, ¿Cuándo lo harás?, el tiempo avanza y avanza, nunca retrocede. Así como avanza el tiempo, tú también tienes que avanzar. Nuestra vida en el planeta tierra es una sola, no tenemos dos vidas para decir esta vida lo malogró y la otra vida lo hago mejor, siempre piensa en hacer lo mejor.

Si estás haciendo algo, y fracasas, no te preocupes es parte del aprendizaje, aprende del fracaso y sigue adelante, nunca jamás te rindas, jamás abandones tus sueños, porque el tiempo avanza como un río que nunca retrocede.

Yo estoy totalmente seguro, que mejorarás tus ventas, solo ponga en práctica la habilidad de vender de manera profesional, nunca tengas miedo al éxito, si muchos lo lograron, tú también lo puedes lograr. Lo mejor de todo, todos tenemos un potencial inmenso para progresar en la vida y los negocios.

Ismael Villa Machuca

## Capítulo 1: Mente Millonaria

### Ventas, Una Habilidad Para Vivir

Las ventas tienen un impacto en la vida de todas las personas en el mundo. Tu habilidad para vender, persuadir, negociar y convencer a otros afecta a todo lo que haces en tu vida.

Cualquiera que sea la carrera profesional que has estudiado, o te dedicas a cualquier actividad en la vida, siempre tendrás que convencer a alguien y eso significa que tienes que vender.

El arte de vender, es un arte que se utiliza todos los días, en todas las actividades que realizamos. Las ventas es una habilidad importante para vivir y garantizar una calidad de vida adecuada. Tu éxito en la vida, depende directamente de tu habilidad de convencer a los demás. Todos los días necesitamos negociar y establecer acuerdos con las demás personas. Vender es más que un simple trabajo, es una habilidad para vivir, que utilizamos todos los seres humanos.

Un negocio o una persona fracasa, porque sus ideas no pudieron venderse, lo suficientemente rápido y lo suficientemente bien, para que el negocio no quedara sin dinero.

No interesa quién eres o a qué te dedicas, siempre en la vida, estas vendiendo algo. En la vida sólo existen dos posibilidades: vendes algo o alguien te vende a ti.

La venta existe en todo momento, en el intercambio de ideas entre dos personas, en los negocios, desde el momento que nos levantamos, hasta que nos vamos a dormir, deseamos conseguir que las cosas pasen como tú quieres.

En las ventas no todas las recompensas tienen que ser monetarias. Algunos de mis grandes logros, no tienen nada que ver con dinero. Recibir el reconocimiento por un trabajo que has realizado es una comisión. Conseguir un ascenso o un aumento de salario es una comisión. Tener nuevos amigos es una comisión. Lograr que te aprueben tu proyecto es una comisión. En realidad, en nuestra vida, recibimos comisiones, porque nadie te garantiza un sueldo permanente.

Las mejores cosas de la vida, son aquellas que vienen en forma de comisión, por el esfuerzo que realizas, como la felicidad, seguridad, estabilidad, un gran hogar, una gran familia, amor, amistades, etc.

El amor verdadero es la comisión más grande y es para las personas que se tomaron el trabajo de encontrar a una compañera, cuidar y alimentar su relación para que nunca dejen de crecer. Esta comisión es fruto de la persuasión que has realizado, para que la otra persona se interese por ti. Luego tienes que saber, ¿Qué quiere? y ¿Qué le hace feliz? Después debes darle lo que ella necesita y asegúrate de seguírselo dando de manera permanente. Y luego tendrás que convencer para que se case contigo. Si tienes éxito en hacerlo y superas sus expectativas entonces serás beneficiado con la comisión del amor.

La salud es otra comisión que recibes por cuidarte de manera adecuada, por alimentarte de manera correcta, por hacer ejercicio físico de manera habitual, por evitar un consumo excesivo de sustancias como el alcohol.

La persistencia, la actitud positiva, la disciplina, la responsabilidad, el deseo de superación, la ética, la educación, los buenos modales de la vida, son los conceptos que tendrás que venderles a tus hijos. Si no lo haces, ellos te venderán los suyos. Recuerda que los niños son los mejores vendedores del mundo, porque son apasionados, inagotables, persistentes, que te llegan a convencer para lograr lo que quieren.

En todos los aspectos de la vida, tienes que tener presente, si convences vendes y si te convencen te venden.

A pesar de tus prejuicios, opiniones negativas de las ventas y de los vendedores, debes saber vender, sin importar cuál sea tu trabajo. Seas rico o pobre, hombre o mujer, ganes un salario o estés contratado por comisión, siempre tendrás que venderle algo a alguien para que avances. Tal vez no sea tu profesión el vender, ni recibas un pago por vender productos o servicios, pero te aseguro que, saber vender influye en el éxito que puedes tener, en cualquier actividad que realices.

La recepcionista que desea un aumento, el actor que quiere ser un personaje de una película, el médico, abogado, ingeniero, contador, docente, cirujano, enfermero, en realidad todos dependen de su habilidad para venderse. Lo importante es que en todas estas profesiones uno debe venderse para poder progresar en su profesión. Claro está que aquel que se dedica a las ventas de productos y servicios tiene que saber vender. Entonces comienza a prepararte ahora, pues no hay manera de evitar, necesitas dominar esta habilidad para que tengas éxito en tu vida, en tu profesión y en los negocios.

Cualquier persona, sin importar a qué se dedica, depende de las ventas: un político, que quiere ganar tu atención e interés para que votes por él; un orador que busca convencer a su audiencia para que le crean; un empleado que busca un ascenso; un entrenador que quiere convencer a su equipo de que puede ganar el partido; un agente inmobiliario que quiere persuadir a una persona para que compre una casa; un banquero que quiere que inviertas tu dinero en sus fondos de inversión; una mesera que te ofrece un plato especial; un vendedor de zapatos que busca que le compres no solo un zapato para usted sino también para tu hijo.

Debes saber vender como un profesional para que le saques el máximo provecho a tu vida y tienes que saber que, si quieres volverte rico, aprende a vender de manera profesional.

## Aprende a Venderte

Esto es muy importante en la vida, sólo en la medida en que te sepas vender, podrás vender. Tener en cuenta de que, si no puedes vender bien, no te estás vendiendo correctamente a ti mismo.

Para que te conviertas en un gran vendedor profesional tienes que ser capaz de venderte a ti mismo a través de tu producto o servicio que pones a la venta.

Muchos vendedores saben de su oficio, pero no se ponen la camiseta del producto, servicio o la empresa que representan. Debido a su falta de convicción. Debes estar absolutamente convencido de que tu producto, tu servicio o tu empresa son mejores que la competencia. Muchos vendedores saben que sus productos son buenos y, mientras otros ofrecen beneficios similares, ellos ofrecen algo más. Es muy importante que estés muy seguro de que, lo que vendes es mejor que cualquier otra opción en el mercado.

Tienes que convencerte de que ningún razonamiento lógico puede contradecir la calidad de lo que vendes. Esto tienes que considerarlo para que te vendas a ti mismo a través del producto que ofreces. No debes dejar abierta la posibilidad de que alguien pueda competir contra ti, debes estar tan seguro de lo que haces.

Puedes vender productos más caros que tus competidores directos. También puedes ganar más dinero con productos similares a los de tus competidores. Lo importante es que tienes que creer en tus productos o servicios. Siempre que decidas poner un precio, hágalo con convicción de que tu producto lo vale y de que mediante él te estás vendiendo.

Una venta se hace cuando tu convicción y tus creencias acerca de algo son más fuertes que las de otra persona, hasta el punto que lo convences de que tú tienes la razón. Ese es el momento en que una venta se hace posible.

Si te comprometes por completo con tus creencias y demuestras que tú eres el que cree firmemente en ellas, siempre habrá alguien que esté dispuesto a comprarlo.

Alexander Graham Bell fue considerado un loco cuando su idea era inventar un aparato que transmitiera las voces de las personas a larga distancia mediante los cables. Muchas personas dijeron que su invento que era el teléfono, era imposible. Es imposible hasta que alguien lo hace posible. Mira tu celular, los aviones, automóviles, el Facebook, WhatsApp, internet, TikTok, etc., en un momento histórico de la humanidad eran considerados imposibles, hasta que alguien se vendió la idea de lograrlas y las hizo posibles.

Aquí tenemos que tener en cuenta de que no estamos hablando de cosas simples de la vida, estamos hablando de que tienes que convertirte en el mejor de todos y para hacerlo, debes venderte a ti mismo la idea de que tus productos o servicios son superiores a la competencia.

Nunca intentes vender algo a alguien si tú no te has vendido a ti mismo. En la medida de que lo hagas, venderás fácilmente a los demás. Siempre que te cueste trabajo, conseguir lo que tú quieres, analiza qué tan convencido estás de lo que vendes. Si no estás convencido de tus productos o servicios, les tienes alguna crítica o crees que no serán del agrado de tus clientes, es seguro tu fracaso. Debes deshacerte de todas las consideraciones negativas y creer firmemente que son las correctas, eso es lo que hará que exista mejores beneficios para el cliente. Es muy importante que hagas todo lo posible por convencerte a ti mismo de que tu producto o servicio debe ser vendida al precio que tú le pongas.

¿Por qué alguien debería endeudarse para comprar el producto que ofreces? ¿Por qué deben elegir el tuyo en lugar de otro? ¿Por qué debe comprarlo ahora y no en otro momento? ¿Por qué deben pagar más por tu producto en lugar de buscar algo más barato? Si no eres capaz de responder estas preguntas, eso significa que aún no estás convencido. Si ya te hubieras vendido a ti mismo la idea de que tuyo es lo mejor, tendrías una respuesta inmediata.

Véndete a ti mismo con convicción, hasta el punto de que sea irresistible para los demás. No te debes mentir. Recuerda que ningún vendedor tendrá éxito si engaña a la gente. Es muy importante que te vendas a ti mismo tus propios productos antes de intentar convencer al prospecto de que tu producto es lo mejor que existe.

Tienes que convencerte del valor de tu producto o servicio, de tu empresa, a tal punto que te sea imposible imaginar que tu prospecto pueda buscarlo en otro lugar.

David venció a Goliat, porque estaba convencido de que no tenía otra salida. ¿Se dijo una mentira? Claro que no. Lo que pasó es que él se convenció de que la única manera de seguir viviendo era vencer al gigante. Eso es lo que debes hacer en todo momento. Véndete y comprométete de que tienes un producto o servicio superior a la competencia. Debes estar muy convencido de que tu producto o servicio es lo mejor y estar muy seguro de que puedes decírselo a los demás, sabiendo que nadie podrá discutirte.

Un vendedor de seguros de salud X debe haberlo comprado primero él, para que esté convencido de que el seguro de salud X que compró, es beneficioso para él y su familia, solo así estará tan convencido y predicará con el ejemplo. Según qué tan convencido estás, serán tus acciones y según tus acciones se determinará tu habilidad para vender. La gente compra lo que otros ya compraron.

Si no estás dispuesto a comprar lo que vendes, entonces no estás convencido. Si eres incapaz de superar la simple prueba de comprar lo que vendes, nunca serás capaz de vender a otras personas en grandes cantidades. Te sientes más confiado cuando estás a punto de cerrar la venta, cuando tú mismo ya hiciste la compra y ya lo has usado. Compra el producto para ti y te convertirás en un vendedor extraordinario, capaz de responder a todas las objeciones del prospecto. Convéncete del valor de tus productos o servicios y observarás cómo tus prospectos se convierten en tus clientes.

## La Actitud en las Ventas

La actitud de una persona, es más valiosa que un buen producto o servicio. La gente se deja influir por personas que le causan confianza, más que por los productos que vende. Un vendedor que hace sentir bien a los prospectos puede venderle con mayor facilidad. El vendedor que tiene una actitud positiva y un gran producto o servicio en realidad es invencible. Una actitud positiva es muchas veces mejor que el mismo producto. La actitud positiva del vendedor hace sentir bien al prospecto y eso hace que sea más fácil cerrar la venta.

Es muy fácil, de que un prospecto le diga no a un producto, pero muy difícilmente diría no a una experiencia positiva con otro ser humano que le aporta valor. La gente gasta mucho dinero en cosas que las hacen sentir bien, que en cosas realmente valiosas. Esto explica los niveles de pobreza y deuda de muchas personas.

Actualmente las redes sociales y los diferentes medios de comunicación difunden mucho caos y tragedias diariamente, es muy alentador encontrarse con alguien que nos da soluciones y es muy amable con nosotros. Alguien que siempre sonríe y tiene una actitud positiva. Personalmente prefiero a las personas con actitud positiva, quiero a mi alrededor gente positiva, colaboradora, que sonría a pesar de la adversidad, que siempre diga que sí se puede y se motive de manera permanente, porque en la vida y en los negocios es totalmente importante la actitud.

La realidad es que las personas que tienen una actitud positiva, tienen éxito. No existe, el mejor tesoro, que tener una actitud positiva, que impulsa que las cosas salgan como uno quiere.

Cualquier producto o servicio lo puedes comprar, pero la actitud positiva no se compra, la actitud positiva de consigue con amor propio, realizando actividades que te gusten, alimentando tu mente con pensamientos positivos, alejándote de la gente negativa, alejándote de pensamientos negativos. En el mundo no hay nada más valioso que una persona con una actitud positiva frente a las adversidades.

Todo ser humano, siempre actúa de acuerdo a su actitud. Si eres agradable, amable, respetuoso y conciliador, tu actitud será suficientemente contagiosa y el prospecto te tratará de la misma forma. Cuando tienes la capacidad de hacer que la otra persona se sienta mejor de lo que se sentía antes de establecer una relación contigo, en ese momento ya no dependerás de que tus productos sean los mejores del mercado.

De acuerdo a como tratas a otras personas, de la misma manera te tratarán a ti. Tu actitud precede a todo lo que te sucede en la vida. Si te rodeas de personas negativas, comenzarás a ser negativo. Si estas cerca a las personas con problemas, los problemas no tardarán en llegar a ti.

Tú eres el resultado de todo lo que te rodea. Esto incluye los canales de televisión que miras, los vídeos que miras, los amigos que tienes, los audios que escuchas, las películas que miras, tus pasatiempos, los libros que lees, los contenidos de las redes sociales que consumes, tu familia, y todo aquello que se relaciona contigo.

Tenga en cuenta de que tu actitud puede influir en la otra persona para que se sienta bien o mal. Los médicos concuerdan en que casi todas las enfermedades son mentales.

Al mantenerte con una actitud positiva, te conviertes en líder y la gente comienza a hacerte caso. Siempre debes hacer todo lo posible, por proteger tu actitud positiva de aquello que la ponga en peligro. Es necesario, que debes prevenirte de las personas que quieren afectarte negativamente. Ser positivo no es suficiente, es importante que debes de protegerte de las personas con pensamientos negativos. Las actitudes son tan contagiosas como las enfermedades.

Cuando hablamos de actitud, tus enemigos en realidad no son el problema, lo que sí es el problema es la gente que tienes cerca si es que es negativo. ¿Dejarías que tu mejor amigo, deje su basura mental, en tu mente? ¡Claro que no! Pero eso es lo que exactamente hace cuando te visita y habla sobre malas noticias, chismes y muchos problemas. En ese momento permites que deje toda su basura mental en tu mente, lo cual deja abierta la posibilidad de que te infectes.

Para que tengas una actitud positiva, haga lo siguiente:

- Sepárate de las personas que siempre dicen: No se puede. Ellos tienen muchos problemas y no les va bien en sus vidas. No permitas que su negatividad te afecte.
- Evita leer periódicos con noticias negativas, ver noticieros de televisión con informaciones negativas y escuchar la radio con contenidos que te hacen perder el tiempo. Si utilizas esos medios, utilízalos para crecer, para avanzar, para aprender, de manera positiva.
- Evita las drogas y el alcohol porque influye negativamente en tu mente. Si consumes, te volverás lento e inseguro.
- Escribe letreros en tu casa y en tu oficina con pensamientos positivos.

Los pensamientos preceden a tus acciones y tus acciones determinarán el rumbo de tu vida. Si tu controlas adecuadamente tu manera de pensar, controlarás tus acciones.

Por favor tienes que luchar en contra de la negatividad, por lo que no tienes que conversar cosas negativas, cero pensamientos negativos, cero acciones negativas. Todo pensamiento negativo es basura mental, jamás permitas ensuciar tu mente con basura mental.

La actitud positiva que mantienes durante el día, te dará muchos beneficios en tu vida. Las personas te recordarán, no por tu dinero o por los éxitos que has logrado, sino por tu manera de ser y hacer sentir bien a los demás. La actitud positiva que tienes para influir en las demás personas incrementará tus ventas, te reportará beneficios en tu vida.

## Capítulo 2: Pasos de la Venta
### Los Cuatro Pasos de la Venta

En la actualidad las esposas toman muchas decisiones de compra para la familia y en las inversiones, además hoy en día, los hombres y las mujeres trabajan. Las personas tienen menos tiempo disponible y más acceso a la información. Hoy en día a los compradores ya no les gusta establecer el contacto humano para hacer la compra, ahora estamos en la era de los negocios digitales.

El proceso de venta debe ser rápido y sencillo para el comprador y el vendedor, hoy en día le das un link para que ingresen a la información por cuenta propia. Ahora tenemos que tratar al cliente como una persona informada que tiene acceso a la información. Lo importante aquí, es satisfacer al prospecto con tu producto o servicio.

Para mejorar el proceso de venta debes hacerlo de la manera más corta y simple, porque los prospectos son extremadamente sensibles para disponer de su tiempo. Ya sea para mostrarle los beneficios de un producto, comprar una casaca, productos de primera necesidad, productos tecnológicos, el tiempo es una preocupación constante del prospecto. El prospecto se pregunta: ¿Cuánto tiempo estaré aquí?

Lo importante en el proceso de ventas consiste en averiguar lo siguiente del prospecto: ¿Quién es? ¿Qué quiere? ¿Por qué lo quiere? ¿Qué debo hacer para satisfacer sus necesidades y deseos?, ¿Cómo debo mostrarle mi producto o servicio? La transparencia del proceso de venta en muy importante para la credibilidad del vendedor. En el pasado, el estilo del vendedor era engañar y ocultar la información, todo lo cual hacía de que se pierda credibilidad.

Los mejores vendedores dicen las cosas como son y no cierran la venta manipulando a los prospectos con engaños y artimañas. Más que en largos pasos, los mejores procesos de ventas son en cortos pasos. Siempre como vendedor debes ser cuidadoso con el tiempo del prospecto y estar dispuesto a invertir el mayor tiempo posible, pero no a desperdiciarlo. El prospecto debe ser capaz de entrar y salir rápido como pueda o pasar suficiente tiempo para sentirse cómodo y tomar una decisión adecuada.

Cualquier proceso de venta debe considerar primero al prospecto, segundo al vendedor y por último a la gerencia.

A continuación, te presentaré un proceso muy poderoso y corto. Sabemos que tiene que ser adaptado para tu prospecto, producto o servicio. Éste es el menor número de pasos al que se puede simplificar el proceso de ventas, para eliminar pérdida de tiempo, enfocándote realmente en lo que interesa.

Aquí te presento los cuatro pasos claves, para realizar el proceso de ventas, si te encuentras con un prospecto de manera física, si lo haces por llamada de celular, por videoconferencia o por redes sociales.

## Paso 1: Prospectar

La primera pregunta que te haces como vendedor es ¿Y ahora, a quién le vendo? Justamente este problema que se te presenta como vendedor a la hora de vender lo tenemos que solucionar. Y lo solucionamos consiguiendo prospectos.

Prospectar es el primer paso del proceso de ventas. Este paso consiste en identificar los clientes potenciales o prospectos, es decir personas que cumplan ciertas características, intereses, necesidades, problemas comunes, para ofrecerle nuestros productos o servicios.

Para que tengas éxito en las ventas, es importante que tengas una prospección permanente, para que consigas clientes potenciales de forma constante.

La búsqueda permanente de los prospectos es clave en tu empresa. Antes de preocuparte de la misma venta, primero tienes que preocuparte por conseguir clientes potenciales, es decir, clientes ideales.

Si estás pensando en abarcar a todos, como si fueran tus clientes potenciales, estás en un error, eso no funciona. Tienes que identificar tus clientes potenciales teniendo en cuenta sus intereses, edades, deseos y necesidades.

Sólo realizando una buena prospección, dispondrás de clientes potenciales a los que podrás ofrecerle tus productos y servicios con éxito. La razón principal de una buena prospección es que te facilita la venta. ¿Tendrías problemas en venderle a alguien que necesita tu producto o servicio? Lógicamente no. El problema es saber, dónde están tus clientes potenciales que sí, necesitan tus productos o servicios.

Muchos vendedores piensan que, ubicándose en el lugar ideal, teniendo un buen armario, teniendo mucho prestigio, los clientes llegaran solos, en realidad no funciona así. La prospección de clientes te impulsa a no quedarte sentado, esperando que los clientes lleguen por sí solos.

La prospección es el arte de ubicar a las personas, que tienen el perfil ideal para tu producto o servicio. El éxito o fracaso de nuestro negocio depende de la capacidad de prospectar.

Pregúntate como vendedor: ¿Cuánto tiempo te dedicas a buscar clientes potenciales?, ¿cómo lo haces?, ¿dónde lo buscas?, ¿a quienes buscas? En realidad, a muchos negocios no les interesa este tema, tienen miedo al rechazo, a un no, a que le cuelguen la llamada por celular. Tienes que tener en cuenta de que el rechazo es a tu producto o servicio, pero no a tu persona. Por lo que no tienes por qué sentirte mal.

Es importante que domines el arte de Prospectar. Prospectar es conseguir datos, contactarte y relacionarte con los prospectos. El éxito del vendedor profesional es tener una base de datos de sus prospectos, y esa base de datos utilizarlo de manera adecuada y organizada, utilizando herramientas tecnológicas.

Teniendo una base de datos de tus contactos, puedes hacer el seguimiento para que puedas cerrar las ventas de manera adecuada. Si no tienes prospectos ¿A quién vas a hacer seguimiento? ¿A quién vas a llamar? ¿A quién vas a presentar? ¿A quién vas a vender? Tienes que tener en cuenta, de que no hay ventas sin prospectar.

A continuación, te presento la herramienta más poderosa para conseguir prospectos de manera más rápida de lo que te imaginas. Esta herramienta es el Facebook Ads Manager. Facebook Ads Manager es para hacer anuncios publicitarios que se publican dentro del propio Facebook y que ofrece muchas herramientas para ayudar a la creación de campañas más eficaces. En Facebook Ads Manager, no se vende, se prospecta.

Tener las herramientas tecnológicas de Marketing digital es importante, para aprovechar al máximo y triunfar en los negocios de hoy.

Utiliza Facebook Ads Manager como una de las herramientas clave, para buscar clientes potenciales y tener una prospección de manera permanente. La potencia de Facebook Ads Manager radica en que utiliza la inteligencia artificial que es lo que hace el trabajo de buscar clientes potenciales que realmente estás buscando.

Para conseguir clientes potenciales de manera permanente, tenemos que hablar del Marketing Digital.

## Marketing Digital

La plataforma Facebook Ads Manager se ha convertido en una de las herramientas de marketing digital más potentes, utilizadas por empresas y emprendedores que administran diferentes negocios. Permite conseguir prospectos al promocionar correctamente la Página de Facebook. Con poco presupuesto, puedes conseguir una amplia y segmentada cantidad de prospectos.

Para conseguir prospectos de manera permanente, utiliza Facebook Ads Manager y considéralo como tu herramienta de marketing digital, que hoy en día es muy poderoso.

Empieza a utilizar el marketing digital en Facebook. Es importante que aprendas a utilizar las aplicaciones de Facebook, para que establezcas una presencia en línea, interactuando con tu audiencia y hacer crecer tu negocio de manera permanente.

Tienes que construir una presencia comercial en línea con una página de Facebook, tienes que tener tu página en Facebook y saber utilizar las herramientas para que administres tu presencia en línea.

Tienes que aprender a realizar un seguimiento de tu Página de Facebook y tener buenas prácticas, para que puedas crear publicaciones e interactuar con tu público.

También es importante que tengas una presencia en línea, con las herramientas y funciones gratuitas con una cuenta comercial de Instagram. Es importante que aprendas las funciones creativas y las herramientas de comunicación que puedas utilizar en Instagram para conectarte con tus clientes.

Usa WhatsApp para empresa, tienes que conocer el valor de una cuenta de WhatsApp Business, saber configurarlo y conectarte con tus clientes.

Empieza a utilizar anuncios en Facebook, tienes que aprender sobre cómo se ven los anuncios en Facebook y cómo usar una página comercial de Facebook y un administrador de anuncios para crear anuncios. Es necesario que aprendas a definir tus objetivos comerciales y comenzar a utilizar el administrador de anuncios, seleccionando un objetivo de anuncio.

Crea audiencias en el administrador de anuncios, con el cual obtendrás información sobre los diferentes tipos de públicos disponibles para anuncios y cómo crearlos para campañas publicitarias en Facebook Ads Manager.

Obtén información de cómo elegir ubicaciones, establecer un presupuesto y un cronograma para las campañas publicitarias en el Administrador de anuncios. Obtén información sobre cómo crear anuncios y revisar el formato, la ubicación y las opciones creativas en el Administrador de anuncios. Aprenda a utilizar el píxel de Facebook para realizar un seguimiento de las acciones de los clientes y optimizar una estrategia publicitaria.

Aprenda dónde encontrar métricas clave en Facebook Ads Manager y cómo usarlas para analizar los resultados de tu campaña. Obtén información sobre la privacidad y la protección de datos de Facebook, así como, sobre cómo crear anuncios que se adhieran a la política de anuncios de Facebook.

## Paso 2: Presentación de la Venta

La presentación del producto o servicio es fácil, lo que tienes que hacer es impactar, primero tienes que saludar al presentarte, después pregúntale el nombre de la persona. Por ejemplo: Mi nombre es Ismael Villa, ¿Cuál es tu nombre?, los 30 primeros segundos que tienes son los más importantes de tu conversación con el prospecto, y son los que definen el resto de la conversación. Es por eso que, cuando preguntas el nombre, estableces un patrón de conducta, el patrón de conducta es, tú preguntas y el prospecto responde, a partir de allí siempre responderá el prospecto a lo que tú preguntas. Si te dice el prospecto, mi nombre es Pedro lo que tienes que hacer es generar confianza. Una manera de generar confianza es repetir el nombre de la persona 3 veces en el menor tiempo posible.

Ismael: ¿Cuál es tu nombre?

Pedro: Mi nombre es Pedro.

Ismael: Pedro, que tal Pedro, Pedro ... (continúas con la conversación).

Lo importante es conseguir hablar en el menor tiempo posible 3 veces el nombre del prospecto. Sabemos que las personas amamos nuestro nombre, y el sonido de nuestro nombre nos gusta. Es por eso que en los cumpleaños siempre ponemos el nombre, a tus cuadernos lo pones tu nombre, en las redes sociales está tu nombre. Entonces al cliente tengo que llamarle por su nombre, esto tiene un efecto en el cerebro de la persona. El cerebro del cliente dice, está persona que me llama por mi nombre me conoce, y te da la confianza, por lo que le hablas con familiaridad, esto elimina la desconfianza de lo que el cliente pensaba, de que le quieres vender algo, la desconfianza desaparece, porque tú ya eres su amigo del cliente potencial y el trato cambia.

Después de repetir 3 veces su nombre le dices, ¿Has escuchado del producto X? te puede responder si o no, si dice sí, le dirás ¿Qué has escuchado del producto X?, tú estás llevando el control de la conversación, porque estás haciendo las preguntas y el cliente está respondiendo. Si te dice no he escuchado del producto X, entonces inmediatamente le dirás los beneficios del producto, lo importante es generar interés, deseo de compra, y le tienes que impactar con tu presentación.

Nunca te presentes de la siguiente manera: Hola soy Ismael y vendo autos, terrenos, computadoras. Preséntate siempre como una persona que ayuda. Preséntate de la siguiente manera: Hola mi nombre es Ismael, ayudo a las personas con el producto que vendo, en realidad es el producto que deseas. Siempre diga ayudo a las personas a …, esa forma de presentación impacta mucho más de lo que te imaginas. Tu producto o servicio es la solución al problema que tiene el prospecto. Aquí tienes que generar el deseo de compra.

Otra cosa importante es de, cómo te ven te tratan. En los negocios la imagen importa. Es por eso que, los empaques de las grandes marcas de los celulares, son presentables. Esto quiere decir que tienes que estar limpio, presentable y verte muy profesional.

Antes de presentarte, mírate al espejo y pregúntate: ¿Yo me compraría a mí mismo? Si la respuesta es sí, estas en el camino correcto. Pero si la respuesta es no, tienes que mejorar tu presencia personal. Es importante los colores de la ropa que usas, porque los colores hablan de tu personalidad. Por ejemplo, el azul es el color de la confianza y el profesionalismo. Por lo tanto, es importante saber de la colorimetría.

En tu presentación, tienes que tener presente a la sonrisa. Yo no puedo presentarme demasiado serio, y esperar que los prospectos me sonrían. Pero me puedes decir que no es mi forma de ser, pero nosotros estamos hablando de negocios, y en los negocios la sonrisa es muy importante, tampoco te digo que seas un payaso. Tienes que tener en cuenta, de que nosotros tenemos las neuronas reflejo. Las neuronas reflejo, hacen que yo sepa lo que estás pensando, lo que tú estás sintiendo, mediante tu rostro, que es el reflejo de tu ser interior. Tu rostro me comunica a mí, lo que estás pensando y lo que estas sintiendo. Si yo estoy serio, la otra persona hace exactamente lo mismo, y también se pone serio. Si yo actúo de manera defensiva, la otra persona también actuará de manera defensiva. Entonces que tengo que hacer, estar feliz, contento, alegre, porque eso es lo que les agrada a las personas, les gusta la felicidad, les encanta las sonrisas.

Entonces yo tengo que estar sonriendo y es casi imposible que tú me rechaces. Por lo que tienes que transmitir alegría, para que recibas alegría.

En este paso lo importante es que generes el deseo de compra de tus productos o servicios ofreciendo al cliente los beneficios.

Una de las herramientas más poderosas que tenemos en el mundo de las ventas, son las preguntas, los vendedores profesionales siempre preguntan, en cambio los vendedores promedio sólo suponen. Es muy importante que tengas en cuenta, de que las personas no te van a escuchar, si no le hablas de su problema, de su necesidad. Te escuchan cuando le hablas de que su problema, necesidad tienen solución, y esa solución tú lo vas a dar.

Como vendedor tienes que hacer una presentación muy poderosa, que genere tanto valor y que la gente diga, lo quiero comprar. Recuerda siempre, vender es dar valor, vender es aportar valor, vender es ayudar al cliente.

El secreto para que tu presentación sea irresistible, es que encuentres un problema, una necesidad de tu prospecto y descubras cómo le está afectando. Una vez que lo encuentras, tienes que preguntar, ¿Cómo, el problema que tienes te está afectando en las diferentes áreas de tu vida? Entonces lo que estás haciendo con la pregunta es que el prospecto agrande su problema que tiene. El cliente dirá, que económicamente estoy mal, por ejemplo. Entonces esto es muy doloroso para el cliente. Cuando sabes cuál es su problema, le vas demostrando, cómo el no solucionarlo ese problema le está afectando en su vida, por lo que el prospecto va a tener un deseo de comprarlo tu producto o servicio como una solución a su problema.

Hago una llamada por celular al prospecto, para encontrar el problema del cliente.

Ismael: Hola Pedro, ¿Cómo estás? Te saluda Ismael.

Pedro: Hola Ismael, estoy bien. Gracias.

Ismael: Que bien. ¿Me permites un minuto?

Pedro: Claro que sí.

Ismael: ¿Cómo te va en tu negocio? Hace un tiempo me mencionaste de que ibas a emprender el negocio de importaciones.

Pedro: Me va muy bien.

Casi siempre dicen que les va bien, entonces se le hace una pregunta para saber el problema.

Ismael: Me alegra que te vaya bien. Una consulta, si quieres tener mejores resultados en tu negocio, ¿Qué crees que te falta para que mejores tus resultados?

Pedro: Ismael, no me está yendo muy bien en las ventas.

Ismael: Pedro eso podemos mejorar.

Pregunté y ya encontré el problema, su problema es ventas. Recuerda los buenos vendedores preguntan, ahora debemos hacer que el cliente agrande su problema, preguntándole, ¿Cómo las pocas ventas que tienes te afectan a ti, a tu familia y a tu negocio?, entonces al responder esa pregunta el cliente, está agrandando su problema, y al agrandar su problema necesita una solución de manera urgente, y esa solución lo tienes que dar tú, como vendedor.

Ismael: Las ventas no le va bien. ¿Cómo está afectando a tu negocio?

Pedro: La verdad es que estamos a las justas económicamente.

Ismael: Pedro, una consulta de uno al cinco, donde cinco es muy urgente y uno no es tan urgente. ¿Qué tan urgente es para ti, solucionar ese problema?

Pedro: La verdad cinco. Quiero solucionarlo urgente.

Ya quiere, lo desea, lo necesita de manera urgente y ahora nos toca una presentación del servicio.

Si quieres presentar un servicio educativo, donde lo importante es aprender, podrías utilizar esta historia: Había una vez un leñador, que llegó muy emocionado a su trabajo, su trabajo era tumbar los árboles utilizando un hacha. El primer día tumbó 40 árboles, el segundo día tumbó 30 árboles, el tercer día con mucho esfuerzo tumbó 12 árboles. Así pasaron varios días hasta que un día, sólo logró tumbar un solo árbol durante todo el día.

Justo ese día que tumbó un solo árbol, le preguntó, la persona que le contrató, si estaba afilando diario su hacha. El leñador dijo que no. Entonces, el que le contrató le dijo que tienes que afilar tu hacha de manera diaria, para que puedas avanzar con tumbar los árboles. El leñador hizo caso al que le contrató y al día siguiente comenzó a tumbar los árboles como el primer día. En las ventas esto de afilar el hacha es la preparación permanente para lograr el éxito en los negocios. Es mejorar de manera constante, para lograr el sueño que tenemos. Luego mencionas que tú ya estás afilando tu hacha, le felicitas y le dices que: Justamente hoy quiero hablarte del tema del poder del aprendizaje permanente.

Esto es muy maravilloso, empecé con una historia y la asocié con el tema que quería hablar. Las historias se utilizan como una estrategia para convencer.

El Storytelling es un término en inglés que significa, el acto de contar historias. Más que una simple narrativa, esta estrategia te permite atraer y enganchar a tus prospectos, entregar mensajes de manera adecuada y aumentar las ventas.

Otra manera de presentar tu producto o servicio es utilizando frases célebres, por ejemplo:

"Aprender es como remar contra corriente: en cuanto se deja, se retrocede." Frase de Edward Benjamín Britten, fue un compositor, director de orquesta y pianista británico. Esta frase nos da a entender la importancia del aprendizaje, de que solo avanzamos cuando aprendemos y si dejamos de aprender, no solo nos quedamos, hasta donde aprendimos, sino retrocedemos. Es por ello, si queremos avanzar, tenemos que aprender hasta el último segundo de nuestra vida. Cuando estás haciendo una presentación dices: Justamente esta mañana, quiero hablar con todos ustedes, sobre el poder del aprendizaje permanente. Empecé con una frase, que la asocié al tema que quería hablar. La gente no te escuchará, sino sabes llamar la atención.

También tienes que tener presente en la presentación de la venta, lo siguiente:

**1.- Ama a tus Clientes.** Esto no tiene que ser simplemente una frase más. En la vida, todos tenemos hijos, y si no tenemos hijos, tenemos nuestros familiares, a los que lo queremos mucho. Supongamos que llevas a tu hijo al médico, y el médico te dice que tiene fiebre, y te dice que compres un medicamento X. Luego te diriges a la farmacia y no hay en la farmacia el medicamento X, y en la farmacia te dicen que hay otro medicamento Y. ¿Se lo das el medicamento Y a tu hijo?, por supuesto que no se lo das, porque no es lo que necesitas, porque estas cuidando la salud de tu hijo. Le das el medicamento que necesita tu hijo, porque lo amas.

El error a la hora de vender, es cuando tú le quieres vender un producto a alguien, que no necesita tu producto. Si tú sabes vender, le vas a vender al cliente el producto o servicio que realmente necesita. La base de la venta es el amor, porque el que ama no engaña, el que ama no estafa, el que ama no miente, el que ama da lo mejor de uno mismo, el que ama busca el bienestar del cliente, el que ama busca que la persona esté feliz y contenta, el que ama busca realmente ayudar.

**2.- Conocer a las Personas.** Yo no te puedo vender, si no te conozco. Si alguien me pregunta. Ismael, ¿Quiénes son tus clientes? Por ejemplo, en mi caso mis clientes son los emprendedores. Por lo que tienes que conocer a tus clientes. Tienes que saber si son hombres, mujeres, sus edades, sus intereses, de qué lugar son, sus problemas, sus necesidades. No trates de venderle a todo el mundo, el error es cuando dices que todos son mis clientes. Recuerda que no todos son tus clientes.

**3.- Las Necesidades se Descubren.** Las necesidades y los problemas del cliente no se crean se descubren. La clave del vendedor es sentirse feliz al finalizar la venta.

Cuando tu terminas una venta, tienes que sentirte la persona más feliz del mundo, sabiendo que lo que le has vendido si funciona, que le ayudará a solucionar su problema o su necesidad.

**4.- Conéctate con tus Clientes.** Conéctate a las personas que le vas a vender, sé natural, evita ser exagerado, no seas excesivamente formal. Si haces tus presentaciones con una voz muy seria, no te conectarás con tus prospectos. Cuando vendas tienes que ser una persona natural, tal como eres y hablar con naturalidad como con tus amigos, familiares. Para que te conectes fácilmente con tus prospectos tienes que ser muy amable. La actitud natural que tienes, hace, que los prospectos se conecten contigo.

## Venta en Frío

Lo primero que tienes que hacer es usar un saludo vendedor, tú, tienes que saludar primero al prospecto, para que rompas el hielo, por ejemplo:

Ismael: Hola, mi nombre es Ismael ¿Cuál es tu nombre?

Lo importante a tener en cuenta con este saludo vendedor, es que se establezcas un patrón de conducta donde yo pregunto y el prospecto responde, y eso se repite secuencialmente, a eso se refiere patrón. Esta es la forma práctica y sencilla de romper el hielo.

Cuando preguntas a las personas sobre su nombre, la mayoría te responde. A todas las personas les gusta responder preguntas.

Te pasó que durante una venta tu preguntabas y el cliente no quiso responder. Eso pasa cuando desde el inicio tu no estableciste un patrón de conducta. Cuando tú te presentas y le preguntas su nombre del prospecto, acabas de establecer un patrón y ese patrón es, yo pregunto y tú respondes. Cuando tú preguntas y el prospecto responde, durante los primeros segundos de la conversación, el prospecto está aceptando el patrón, y ese patrón gobernará, la conversación de allí, hacia adelante.

Luego tienes que repetir 3 veces el nombre del cliente, sentirá que le conoces y romperá esa barrera de no hablar con desconocidos. Muchos se preguntan porque 3, porque el número 3, le encanta al cerebro. Sabemos que no existe, ninguna música, ni melodía que sea mejor que escuchar tu nombre. Está demostrado que cuando una persona escucha su nombre, se activan las zonas asociadas con el efecto positivo del cerebro. Tu nombre es el sonido más dulce a tu oído.

Cuando hay un cumpleaños siempre se pone el nombre, en la torta, en el llavero, en los adornos, en los regalos personalizados. Al ser humano nos encanta nuestro nombre.

Cuando una persona te dice su nombre, tienes que usarlo 3 veces, para que cuando el prospecto escuche su nombre 3 veces, diga esta persona me conoce, me llama con familiaridad, entonces en el cerebro del prospecto existe la duda, lo conozco o no lo conozco. En la mayoría de las veces, el prospecto actúa de manera amable, dirá asumo que lo conozco, entonces tu como vendedor ganas.

Ejemplo, para repetir el nombre del prospecto tres veces.

Ismael: Hola, mi nombre es Ismael, ¿Cuál es tu nombre?

Lucero: Hola, mi nombre es Lucero.

Ismael: Lucero, mucho gusto Lucero, Lucero una pregunta, has escuchado hablar de ¿Marketing Digital y Ventas?

Lucero: Sí, un poco.

En este ejemplo acabamos de pasar, de no conocerla, a interactuar y repetir su nombre 3 veces.

Siempre cuando te encuentras con un prospecto muestra una sonrisa. Aquí tenemos que tener en cuenta las neuronas espejo, porque le permite al cerebro reproducir la información del exterior como el efecto de un espejo. Cuando sonríes la otra persona también sonríe.

La clave del éxito para vender es hacer preguntas, preguntas y preguntas, en las ventas no se dicen, no se suponen, se preguntan. Yo tengo que hacer que ella se interese de mí. Sin decirle muchas cosas de mi empresa.

Cuando preguntamos, has escuchado hablar de ¿Marketing Digital y Ventas? Otros dirán si y otros dirán no, lo importante es saber. Entonces lo que estamos haciendo, es que pasemos los 30 segundos de conversación para tener la probabilidad de llegar a conversar hasta 5 minutos.

Siempre busca una respuesta, cuando preguntas. Has escuchado hablar de ¿Marketing Digital y Ventas? Puede decir si o no. Lo importante es saber. Si me dice si, un poco, haber cuéntame, ¿Qué has escuchado? y ella habla de todo lo que sabe, entonces cuando ella empezó a hablar ya es un diálogo. Cuando habla, dejaré que hable, y que siga hablando para pasar la barrera de los 2 minutos, y de allí para adelante nos iremos de largo conversando. Todo hemos comenzado con, Hola, mi nombre es Ismael ¿Cuál es tu nombre?

Entonces cuando vendes en Frío nunca hables de que somos una compañía de 20 años de experiencia, somos transnacionales, dedicada a la tecnología sobre negocios, así no se habla en realidad.

En vez de eso pregunta. ¿Ya conoces mi empresa? ¿Te ha visitado, alguno de mis compañeros? ¿Ya te llamaron?, con todo esto ahorras tiempo y palabras.

También tienes que tener en cuenta la empatía, que es ponerse en el lugar del prospecto, es hacer una química con el prospecto. Tener en cuenta que tú no eres más que el prospecto, ni tampoco el prospecto es más que usted. Tener en cuenta que ambos son iguales. Cuando el cliente se siente igual al vendedor, es más probable que el cliente te compre.

El cliente está interesado en sí mismo y si tú te interesas por el cliente ya tienes algo en común. Habla de él, de sus logros, de su carrera, de su vida de las cosas que le gusta, de esa manera encontrarás una empatía. Así lograrás la empatía y el prospecto te comenzará a contar de su carrera de lo que a él le gusta, de lo que a él le interesa.

Entonces si quieres vender, olvídate de hablar de manera directa del producto o servicio, es lo peor que puedes hacer como vendedor.

Es un error, por ejemplo, decir, señor gracias por haberme dado la cita, el seguro es esto, es esto, es esto ... y el cliente dirá en su ser que no lo interesas. Primero genera empatía, ya después llegarás a presentar tu producto o servicio.

Cuando haces comentarios positivos de acuerdo a lo que te va contando, busca que te cuente alguna experiencia o anécdota, de cualquier tema. Te preguntarás, Ismael ¿Para qué hago esto? Es para que generes empatía. Cuando generas empatía es más fácil venderle al prospecto.

Ya cuando el cliente, se sienta importante, amado, se sienta ayudado, va a pasar, lo que se llama, reciprocidad. Seguro que, en algún momento de tu venta, cuando has estado explicando al cliente, el cliente te dijo, un favor otro día me dices, o ya luego me dices, tengo una reunión, eso te dicen, porque no hubo reciprocidad, eso es porque tú solo hablabas.

Por eso tú tienes que interesarte por el cliente, para que, mediante la reciprocidad, el cliente se interese de lo que vendes. Claro está si tu escuchaste sus anécdotas, lo que te contó, de sus estudios, se dará la reciprocidad, esto quiere decir, así como lo escuchaste, el prospecto de igual manera te escuchará. Entonces otra clave del éxito es escuchar, cuando escuchamos enviamos un mensaje de respeto y consideración.

Esto quiere decir que no inicies hablando de ti, ni de tu producto, primero interésate del prospecto, primero escucha al prospecto. Luego genera interés utilizando los beneficios de tu producto.

## Ventas Digitales

En la era digital el cliente pide información, precio y te deja en visto y tú piensas que al toque le vas a dar la información y el precio, porque piensas que el cliente se va a molestar, eso no funciona así en la era digital.

## Calentar digitalmente al cliente

Una pregunta, ¿Cómo se hace más fácil preparar el café? ¿En agua fría o en agua caliente? Claro está que en agua caliente. El café debe ser elaborado con agua caliente, sino no lograrás un café con todos sus componentes, con su aroma y sabor que logrará satisfacer hasta el paladar más exquisito. Utilicemos esta metáfora en la venta digital, esto quiere decir de que es más fácil vender nuestro producto o servicio cuando el cliente está caliente. Ahora te estarás preguntando de ¿Qué hago para pasar un cliente frío a tibio y luego a caliente? No te preocupes aquí te lo dire.

Ahora tenemos que utilizar el termómetro de la venta digital en el prospecto. El cliente empieza como frío, esto quiere decir que recién se contacta contigo, es el cliente que te dijo, información, precio. ¿Le puedo vender a este cliente? Si es posible, pero las probabilidades son mínimas. Para que sea posible la venta en frío, tendría que necesitar urgente el producto o servicio el cliente. La gran mayoría de clientes que se contacta contigo están fríos, lo que tenemos que hacer es pasarlo a tibio. El cliente tibio, es el que me conoce un poco y sabe lo que hago, esto quiere decir que ya visitó mi página web, mi página en Facebook, mi Instagram, mi TikTok, mi canal en YouTube. Luego el cliente pasa de tibio a caliente. El cliente caliente es un cliente que me conoce y me considera, que soy bueno para ayudarle. El proceso de pasar un cliente frío hasta caliente es fácil en la era digital.

## Diferencia entre precio y oferta

Cuando das el precio de un producto o servicio, solamente le estás informando, y no generas el deseo de comprar.

Una oferta, incluye el precio del producto o servicio, pero también tiene regalos o descuentos adicionales con una fecha límite, cantidad límite que hacen que el impulso por comprar sea irresistible.

En una oferta pones una fecha límite, por ejemplo, del 1 de setiembre al 15 de setiembre. Y te pregunto. ¿Cuándo es 15 de setiembre? Hoy día es 15 de setiembre. O sea, en vez de poner, oferta solo por hoy. Así vas programando tus fechas en las ofertas.

Presenta tu oferta con argumentos creíbles, como, por ejemplo, por el día del padre, día de la madre, por el mes de la juventud, por el día del niño, por navidad, por año nuevo. Otro puede ser, por ejemplo, oferta de verano, oferta de invierno. No puedes decir, oferta solo por hoy, la oferta tienes que justificar, él porque es la oferta, tu oferta tiene que ser creíble.

También puedes utilizar, la oferta sin descontar, sino dando regalo. Por ejemplo: El cliente va al restaurante.

Pedro: Por favor dame un descuento.

Ismael: No te puedo, descontar. Te voy a regalar una gaseosa.

Lógicamente esta gaseosa tiene que representar para ti un costo muy bajo, para que no afecte a tu negocio, y utilizando esta estrategia vendas más y ganes más.

En este caso el cliente dirá que me estoy ahorrando la compra de la gaseosa. En cambio, para ti, es una estrategia de venta que estás utilizando.

## No Cometas Errores Digitales en las Ventas

Cuando los clientes te dicen, información o precio, el error común es que envías mucho texto por Messenger o por WhatsApp, sabemos que la gente lee poco, otro error es inviar un archivo de PDF con muchas páginas de catálogos y precios incluidos, y otro error es enviarle el precio de manera directa, incluyendo la oferta. En las ventas digitales esto no sirve.

Tenemos que tener un proceso. Ese proceso consiste en primer lugar dar valor a nuestros prospectos, en segundo lugar, tenemos que dar confianza a nuestros clientes y en tercer lugar recién te vendo mi producto o servicio. En este proceso tienes que enviar vídeos a tus prospectos. A la gente les gusta los vídeos, aman los vídeos, miran los vídeos.

Cuando llega un prospecto frío, te pregunta por información y precio. Muchos emprendedores en su página web, página de Facebook, Instagram solo ponen información y precio, eso no vende, espanta a los clientes. Lo que tienes que tener, es contenido de valor, que te validen a ti, como el experto en lo que haces, la gente compra de los expertos. En la página de Facebook por ejemplo tienen que subir contenidos de valor, testimonios de los clientes satisfechos, y muchos vídeos con tips y cuando vean eso, los prospectos dicen que sabes mucho, y eres un experto. Y así los prospectos te comprarán más fácilmente. La manera más sencilla, es que transmitas en vivo por Facebook una vez por semana, así tendrás contenidos de valor. Tienes que hacer tu transmisión de contenidos de valor, no para que vendas, sino para que te posesiones como experto. Has una transmisión en vivo para que hables de los tips del producto o servicio que vendes.

Cuando un cliente te pide información y precio lo vas a enviar, un vídeo con tips de contenido de valor, que no estén en tu página de Facebook y que dure máximo 1 minuto, y después de eso valídate y pídele, 3 cosas que le gustarían de tu producto o servicio.

Ejemplo 1: Sobre un negocio de paquete turístico.

Turista: Información, precio.

Ismael: Buenos días, mi nombre es Ismael, gracias por contactarte conmigo, te felicito, por tomarte el tiempo para viajar, antes de comentarte que paquetes tengo, quiero darte tips de viaje, número 1: Siempre tenga una tarjeta de crédito y en efectivo separado de la billetera, porque habrá zonas en donde no hay cajeros, y necesitarás el efectivo para que te movilices, número 2. Ten tarjeta en caso de emergencia. Allí tendrás saldo y podrás salir de cualquier problema que se te presente. Estos son los tips de Ismael, y bueno te comento que tengo más de 8 años ayudando a turistas como tú a llegar a su destino, me gustaría saber, ¿Cuáles son las 3 razones que estas buscando en la agencia ideal para ti?

En este caso el turista dirá que si sabes y te validará como un experto. Y pasaste de frío a tibio. En 1 minuto de vídeo pasaste de frío a tibio al cliente.

Ejemplo 2: Para productos naturales, referentes a aromaterapia.

Lucero: Dame más información y el precio.

Ismael: Hola cómo estás mi nombre es Ismael, muchas gracias por contactarte conmigo y te felicito, porque veo que realmente estás interesada, en la aromaterapia, quiero darte 1 tip, si tú estás estresada y quieres relajarte, una de las maneras es con las esencias que están en tu casa, una bolsita de té con manzanilla, lo que te voy a recomendarte es que no solo lo consumas la manzanilla ,sino que además, durante el proceso, tienes que oler la taza, eso desinflama, relaja y ayuda a bajar la tensión, recuerda que los aromas son la clave del éxito que muy pocas personas conocen. Tú me dirás que soy nueva en esto, te cuento, yo pertenezco a una empresa que tiene 10 años ayudando a las personas en base a las esencias y me gustaría saber de ti, cuéntame por favor, ¿Cuáles son las tres cosas que estás buscando, de los aceites esenciales de las plantas aromáticas?

El cliente ya te vio a través del vídeo de bienvenida, como lo diste un tip, te relaciona a lo que vendes, entonces dirá que Ismael sí sabe. El cliente dirá ya lo vi, ya lo conozco quien me va a vender, entonces yo le voy a comprar.

Pide 3 razones porque sólo así tendrás 3 razones para venderle.

¿Porque un tip?, porque el tip es gratuito y tu cliente se quedará enganchado viendo tu vídeo. Gracias a tu tip, te posesionas en el cerebro del cliente como el mejor.

Ejemplo 3: Para la venta de cursos online.

Juan: ¿Cuánto cuesta la matrícula?, ¿Cuánto cuesta la pensión? Deseo más información, por favor.

Ismael: Hola como estas, soy Ismael, te felicito por haberte contactado conmigo, gracias. Veo que estás interesado en estudiar y salir adelante, te voy a dar dos tips para que aprendas el doble. Número 1. Activa tu cámara, tú me dirás, es que quiero hacer otras cosas, justamente eso es lo que queremos evitar. Si tu cerebro está concentrado en la clase, aprenderás más. Si te concentras en dos cosas o más te distraerás mucho y no aprenderás adecuadamente. Si tú quieres aprender más, activa tu cámara y tu cerebro dirá que estás comprometido en la clase. Número 2. Toma nota utilizando lapicero en un cuaderno, cuando escribes, escribes en el cerebro y aprendes el doble, esto y mucho más aquí con nosotros. Te comento, que somos una institución con 12 años de experiencia, ayudando a más de 100 000 alumnos, durante los últimos años, y también te queremos ayudar a ti. Me gustaría darte una asesoría personalizada completamente gratis. Dígame por favor las 3 cosas que estas buscando en tu curso ideal, para poder ayudarte.

Estos ejemplos tienen su estructura, tómalo como ejemplo esa estructura y adáptalo a tu negocio.

La estructura es: Saluda, agradece, felicita, das uno, dos o tres tips relacionado a tu producto o servicio, luego dices cuantos años lo estás haciendo y a cuantas personas has ayudado, y pides 3 razones por lo que se contactaron contigo o tres cosas que están buscando de tu producto o servicio. En 1 minuto pasarás de un cliente frío a tibio. En 1 minuto ya te conocen. Recuerda este vídeo no es un vídeo publicitario, es un vídeo de bienvenida a tu prospecto.

Ahora el prospecto ya está tibio, pero puede dejarte en visto. Si te contestó las tres razones por lo que se contactó contigo por Messenger, dile, perfecto, bueno quiero ayudarte con una clase gratuita, permíteme, tu número de WhatsApp para darte todos los detalles. El prospecto te dará su número de WhatsApp cuando está tibio, que cuando está frío.

Si el cliente te deja en visto, vas a enviar otro vídeo con testimonio, el testimonio lo envías después de 5 minutos que te deja en visto. Los testimonios, generan confianza. Si el cliente no te respondió sobre las 3 razones o te dejó en visto es porque falta confianza. Te doy la estructura, para que los clientes satisfechos puedan hacer sus testimonios. En el testimonio, el cliente contará antes, durante y el después, sobre lo que le benefició el producto o servicio que le vendiste. Por ejemplo, si vendes algún producto que envías por encomienda, tus clientes dudarán, y se preguntarán. ¿Llegará el producto? ¿Estará caro él envió?

En el testimonio el cliente debe decir: Hola, mi nombre es Juan Espinoza, te comento que Ismael es mi proveedor, estaba con dudas para comprarle. Antes me ha pasado que nunca me mandaban los productos. Pero ahora, durante el proceso de compra, me ayudó, me envió, seguía la ubicación de donde ya estaba el producto, me dijo que fecha llegaba, y que hora podría recogerlo, y actualmente mira (muestra el producto en el vídeo) como el producto me ha llegado. Si estás pensando comprar algo, cómprale a Ismael el sí cumple.

Inmediatamente después otro vídeo de testimonio: Hola como estas mi nombre es Juana, y te comento que a mi anteriormente me han estafado, me enviaron gato por libre, o sea me enviaron otro producto que no había pedido, yo ya no quería comprar más. Durante el proceso Ismael me mostró testimonios de sus clientes, yo investigué sobre su empresa, y efectivamente decidí confiar. Hoy no me arrepiento, es este producto (muestra en el vídeo) lo que exactamente me había prometido, si alguien está pensando comprarle, lo recomiendo, cómprale a Ismael el sí cumple.

Otro ejemplo: El prospecto busca una atención personalizada.

Hola, mi nombre es Juan, y te comento que yo, ya había comprado anteriormente por internet, siempre me llegaban los productos, pero buscaba una atención personalizada, hasta que encontré a Ismael. Ismael es una persona que siempre está pendiente de ti, siempre está pendiente de que el producto te llegue bien, después que eres cliente no te abandona, te sigue preguntando ¿Cómo vas? ¿Necesitas algo más? Si alguien necesita comprar algún día un producto como este (el producto lo muestra en el vídeo) se lo recomiendo a Ismael.

La clave del éxito está, en unir los tres testimonios en un solo vídeo en un tiempo máximo de 1 minuto con 30 segundos.

Si eres nuevo y no tienes testimonios, tranquilo aquí te lo cuento, utiliza tu WhatsApp, porque a tus clientes también lo tienes en WhatsApp, lo que le vas a preguntar al cliente es, por ejemplo, ¿Qué tal la experiencia con mi asesoría? Cuando te contesta el cliente, haces la captura de pantalla. Juntas todas esas capturas de pantalla en un solo vídeo y ya tienes testimonios. Esta manera de obtener testimonios, es para que puedas iniciar con tu negocio.

Luego, tienes que conseguir los testimonios en vídeo, le dices al cliente que le vas a dar un regalito, pero que te dé el testimonio, así de fácil. Es importante que inviertas en un testimonio. Un testimonio, vende más que tu mejor vendedor estrella. Por ejemplo, que, en el testimonio, una tercera persona diga: que eres muy bueno en lo que haces, ese testimonio vale mucho. Los clientes no te creen lo que dices porque eres vendedor, pero si creerán a otras personas.

Ejemplo: Para la venta de un inmueble.

Hola, ¿Cómo estás?, antes yo estaba buscando por mi cuenta, como vender mi inmueble, realmente estaba buscando como venderlo. Publicaba en Facebook, Marketplace pero la verdad, no vendía, y me había dado cuenta que no tenía los contactos, no sabía cómo atender al cliente, no sabía sobre ventas, los clientes quedaban con muchas dudas, a pesar de que yo era el dueño, así que comencé a contratar a Patricia, durante el proceso, ella puso, sus letreros, sus carteles, pero constantemente me llamaba para hacerme explicaciones sobre cuantos clientes iban, qué días tenía visita, me decía que tenía que estar atento al celular para que me llamara, para que me consulte sobre un descuento adicional, y así fue, lo hizo así, actualmente, la propiedad ya está vendida, estoy muy agradecido, realmente no me arrepiento de haber confiado en Patricia, si alguien, está pensando en un corredor inmobiliario, con Patricia los recomiendo.

Este testimonio lo envías al cliente. Así pasas, al cliente de frío a tibio, y de tibio a caliente con el testimonio. El cliente caliente, fácilmente compra un producto o servicio.

Un consejo, para los que tienen miedo a la cámara cuando quieren filmarse, no tengas miedo, miedo tienes que tener a fracasar, a no vender, miedo tienes que tener a no hacer lo que te estoy enseñando en este libro. Cuando empezaste tu negocio, tu dijiste que haré todo lo posible por sacar mi negocio adelante, hazlo tú puedes.

Si el cliente te respondió a lo que solicitaste sobre las 3 razones o 3 motivos por el que se contactó contigo, a tu Messenger, ahora pídele y dile dame tu número de WhatsApp para poder ayudarte, y en el WhatsApp tienes tres formas para venderle, o le vendes por WhatsApp dependiendo del producto, o lo llamas o lo pasas a una sala de Zoom. Si necesitas reunirte con el cliente, cuando vendes lotes de terreno, propiedades, si o si tienes que reunirte en el lugar.

Los vídeos de lo que hablamos hasta el momento es para pasar al cliente de frío a caliente. Ahora como el cliente ya está caliente, ya podemos hacer una presentación de nuestro producto o servicio para venderle.

Ahora sí haces tu presentación de ventas, ahora te enseño como venderle a tu cliente.

Para vender un producto o servicio, se tiene que saber, qué son las características, ventajas y beneficios.

Las características de un producto, son los elementos o particularidades que tiene, que permiten distinguir de los otros productos. Una característica representa el **¿Qué es? ¿Cómo es?** Un determinado producto o servicio. Por ejemplo, si vendes camisa, las características más comunes es que todas las camisas tienen cuello, dos mangas, son de tela.

Las ventajas son las características de un producto o servicio que lo hacen mejor cuando se le compara con sus competidores. Es la diferencia superior que tiene mi producto o servicio con respecto a los demás. Una ventaja representa el **¿Qué tiene?** Para que sea mejor un determinado producto o servicio con respecto a los demás. Ejemplo relacionado a la camisa, la diferencia puede ser mejor precio, moda ideal, más exclusividad, diseño superior, más calidad, etc.

Una ventaja representa el **¿Qué hace?** Para que sea superior a otro producto o servicio.

Los beneficios son el uso positivo que un cliente hace de un producto o servicio para que pueda satisfacer una necesidad o deseo específico. Un beneficio representa el **¿Para qué me sirve a mí como cliente?** Un determinado producto o servicio. Ejemplo, si compras la camisa, te viste, te da un aspecto más elegante, te abriga.

La clave del éxito para vender y generar el deseo de compra, es saber la diferencia de la ventaja y el beneficio, si sabes la diferencia de la ventaja y beneficio el proceso de venta está en el 80% ganada, porque lo que vende son los beneficios. Entonces es bueno saber cómo diferenciar las ventajas de los beneficios.

Para saber si es ventaja, haga las preguntas **¿Qué es? ¿Cómo es? ¿Qué tiene? ¿Qué hace?**

Para saber si es beneficio, haga la pregunta, **¿Para qué me sirve a mí como cliente?**

El cliente compra los beneficios. Lo que tienes que hacer es escribir todo lo que dices sobre tu producto o servicio. Para que identifiques cuales son ventajas y cuales son beneficios.

El error está en que tu solo hablas de las características y ventajas de tu producto o servicio, y muy pocas veces hablas de los beneficios. El cliente lo que compra son los beneficios.

Ejemplo con el producto celular.

Cuando vas a una tienda donde venden celulares, te informan sobre las ventajas del celular.

Sus ventajas del celular se detectan, si responden a las siguientes preguntas:

¿Qué hace? ¿Qué tiene? ¿Qué es? ¿Cómo es?

1.- Memoria de 512 Gb

2.- Cámara de 48 megapíxeles

3.- Carga rápida.

4.- Procesador de 8 núcleos.

5.- Resistente al agua

Cuando te dicen del celular, solo lo que te mencioné, solamente te están informando, esa no es la manera correcta de vender, entonces nosotros tenemos que convertir las ventajas que tiene el celular en beneficios, para que puedan comprar de manera fácil los prospectos. Si del celular hablas más de sus beneficios, existe mayor probabilidad de que lo vendas.

Ahora vamos a convertir las ventajas del celular en beneficios, haciendo la siguiente pregunta **¿Para qué te sirve?**

1.- Memoria de 512 Gb. **¿Para qué te sirve?**

Te sirve para almacenar muchas fotos, vídeos, sin estar borrando tu información en todo momento.

2.- Cámara de 48 megapíxeles. **¿Para qué te sirve?**

Te sirve para que tomes, fotos más nítidas para compartir por tus redes sociales.

3.- Carga rápida. **¿Para qué te sirve?**

Te sirve para poder continuar tu vida tranquila, sin estar pegado a un enchufe.

4.- Procesador de 8 núcleos. **¿Para qué te sirve?**

Te sirve para que el celular tenga un mejor rendimiento cuando veas los vídeos en alta definición.

**5.-** Resistente al agua. **¿Para qué te sirve?**

Te sirve para que estés tranquilo si se cae tu celular al agua de manera accidental.

Por ejemplo, si Lucero fuera una vendedora de celular diría:

- Este celular tiene una memoria de 512 Gb, **¿Para qué te sirve si lo compras?** Te sirve para almacenar muchas fotos, vídeos, sin estar borrando tu información en todo momento. Para eso te sirve.
- Este celular tiene una cámara de 48 megapíxeles. **¿Para qué te sirve si lo compras?** Te sirve para

que tomes fotos más nítidas y puedas compartir en tus redes sociales. Para eso te sirve.
- Este celular tiene una carga rápida. **¿Para qué te sirve si lo compras?** Te sirve para poder continuar con tu vida tranquila, sin estar pegado a un enchufe. Para eso te sirve.
- Este celular tiene un procesador de 8 núcleos. **¿Para qué te sirve si lo compras?** Te sirve para que tu celular tenga un mejor rendimiento cuando veas los vídeos en alta definición. Para eso te sirve.
- Resistente al agua. **¿Para qué te sirve si lo compras?** Te sirve para que estes tranquilo si se cae tu celular al agua de manera accidental. Para eso te sirve.

Entonces que quede claro que cuando el vendedor promedio solamente informa, le dice al prospecto que el celular, tiene esto, tiene esto, ... y tiene esto. En cambio, el vendedor profesional le dice que el celular le sirve para esto, le sirve para esto, ..., le sirve para esto y de esa manera genera el deseo de compra.

Entonces el prospecto lo entiende perfectamente y en su cerebro está de que el celular lo sirve, y de esa manera se genera el deseo de compra.

Por ejemplo: En un negocio de regalos personalizados.

Si como vendedor digo: Tenemos aquí distintos paquetes de regalos personalizados, no podré vender.

Dices, tenemos tres paquetes, ¿Cuál de los tres paquetes, estás necesitando usted? Si el prospecto responde para cumpleaños, dices justamente aquí tenemos estos paquetes para cumpleaños, luego preguntas ¿Para hombre o para mujer? Si el prospecto dice mujer, muestras el paquete para mujer. Luego dices, ¿Para qué te sirve?, te sirve para, la decoración con bastantes globos, te sirve para que el regalo se vea más grande, sea más ostentoso, más llamativo, para eso te sirven los globos. Las rosas, ¿Para qué te sirven?, te sirve para que le des un toque romántico, algo más amoroso, algo más cálido, algo más cercano.

No puedes vender diciendo este regalo tiene globos, tiene rosas, de ninguna manera. Tienes que decir que tienen globos y te sirven para …, tiene rosas y te sirven para…

Por ejemplo, los girasoles ¿Para qué te sirve?, te sirve para que irradie energía, alegría, ya que el color amarillo, es un color bastante vivo, que irradia mucha energía. Para eso te sirve. Si el cliente te dice, quiero reconquistar porque me comporté mal, entonces le dices, que adicionalmente al girasol tienes que agregarle una carta con tu puño y letra, escrita a mano, pidiendo disculpas, ¿Para qué te sirve? Te sirve para que tu novia, vea la intención que tienes de hacerla las cosas bien, no has comprado algo fabricado simplemente para dárselo, te tomaste el tiempo y la dedicación para escribirlo, para eso te sirve este detalle escrito.

Desde ahora en adelante tienes que siempre preguntar ¿Para qué te sirve? Para que conviertas las ventajas en beneficios, y de esa manera vender de manera fácil.

Ejemplo para un gimnasio.

Lo que ocurre es lo siguiente: Cuando llegas a un gimnasio, te atiende una señorita, y te dice: Señor bienvenido al gimnasio, en este gimnasio tenemos 1. Personal Capacitado, 2. Máquinas modernas, 3. Ubicación céntrica, 4.- Sauna y 5.- Piscina. Oferta de verano, 2x1. Y cada vez que va hablando raya la hoja y luego te da la publicidad, en este caso, la señorita, solamente informó y no vendió, no te generó el deseo de compra. La pregunta que faltó es **¿Para qué te sirve?** Te sirve para.

Aquí te mostraré un ejemplo de las ventajas de un gimnasio, que tienen que estar dentro de las preguntas. ¿Qué hace? ¿Qué tiene? ¿Qué es?

1.- Personal capacitado.

2.- Máquinas modernas.

3.- Ubicación céntrica.

4.- Sauna.

5.- Piscina.

Ahora estas ventajas del gimnasio, lo convertimos en beneficios.

1.- Personal capacitado. ¿Para qué te sirve?

- Te sirve para que te pueda guiar y de esa manera obtengas buenos resultados. Para eso te sirve.

2.- Máquinas modernas. ¿Para qué te sirve?

- Te sirve para que puedas ejercitarte. Para eso te sirve.

3.- Ubicación céntrica. ¿Para qué te sirve?

- Te sirve para que puedas llegar rápido y no tengas excusas para no venir. Para eso te sirve.

4.- Sauna. ¿Para qué te sirve?

- Te sirve para que relajes tus músculos después del entrenamiento. Para eso te sirve.

5.- Piscina. ¿Para qué te sirve?

- Te sirve para que puedas completar tu rutina y te diviertas. Para eso te sirve.

El prospecto que escucha todos estos beneficios, dirá que lo quiere y lo pagará.

Por ejemplo, para un estudio de fotografía publicitaria.

El que no sabe vender dirá tenemos cámaras full HD.

Lo mejor, es decir, tenemos cámaras Full HD, ¿Para qué te sirve? Te sirve para que las fotos salgan nítidas, y en alta calidad, que la imagen se vea muy bien, de tal manera que, si vas a realizar una ampliación de una imagen, ya sea para un panel o una gigantografía la imagen no se distorsione, siempre mantenga su calidad, para eso te sirve. Tenemos que decir para qué sirve de acuerdo a la necesidad del cliente.

Otro ejemplo: Al cliente le dices que tenemos nuestro estudio fotográfico, ¿Para qué te sirve? Te sirve para que no puedas recargar tu presupuesto para que alquiles un estudio para que te puedan tomar las fotos y te puedas ahorrar ese costo, para eso te sirve.

También nos encontramos en una zona céntrica, ¿Para qué te sirve? Te sirve para que puedas llegar rápido, y esa es la facilidad que nosotros tenemos. Te sirve para eso.

## Método de Ventas PSDC
**P es problema.**

**S es solución.**

**D es deseo de compra.**

**C es cierre de venta.**

Primero tenemos que encontrar el problema que tiene el prospecto, una vez detectado el problema nosotros tenemos que convertirnos en la única y la mejor solución del problema para el prospecto, luego tenemos que generar el deseo de compra dando a conocer los beneficios del producto o servicio, y finalmente cerramos la venta.

En las ventas las cosas se preguntan, para que el cliente los diga, es la clave del éxito. También tener en cuenta de que, si yo como vendedor digo algo, no es verdad, pero lo que dice el cliente es una verdad.

Hacemos preguntas para encontrar el problema del cliente, no podemos suponer el problema del cliente.

Tenemos que utilizar las preguntas abiertas, para que el cliente pueda responder lo que desea, ya que no le imponemos las opciones de respuesta.

Ejemplo:

¿Qué opinas sobre el producto?

¿Qué te gustaría comer?

También se puede utilizar las preguntas cerradas, las preguntas cerradas están buscando una respuesta generalmente de si o no.

Ejemplo:

¿Te gusta viajar en tren?

¿Tienes el número de celular del Doctor?

También en las ventas se utiliza, las preguntas de doble alternativa. ¿Deseas agua o gaseosa?

## Problema

Yo para poder vender, lo primero que tengo que hacer es detectar el problema de mi cliente.

Lo detectamos de la siguiente manera: Averiguamos qué cosas está buscando el cliente de nuestro producto o servicio, de tal forma que la presentación se haga en base a esas 3 cosas que está buscando el cliente, al final cerraremos la presentación con un resumen y diremos: estas son las 3 cosas que estabas buscando ¿Verdad?

Ejemplo:

Ismael: Juana por favor, dime las 3 cosas que estás buscando para un regalo ideal.

Juana: Que se mire grande, que no esté muy caro y que sea para cumpleaños.

En este caso ya sabemos las tres cosas que está buscando, que hago yo mostrándole, rosas, flores. Ya sé qué quiere, ya sé qué cosa le voy a vender, ya sé por qué razones me va a comprar. El cliente compra por sus razones y por sus motivos, no por tus razones y por tus motivos.

Siempre al cliente se le pregunta, cuando empiezas la venta, ¿Cuáles son las tres cosas, que quieres lograr con mi producto? Si das asesorías, cuéntame por favor, ¿Cuáles son las tres cosas qué quieres lograr con mi asesoría? Si vendes un servicio de marketing, dime por favor, ¿Cuáles son las tres cosas que estas buscando, del marketing ideal para ti? Si vendes en red de mercadeo, dime por favor ¿Cuáles son las tres razones por las que quieres generar ingreso adicional?

Para la venta de lotes de terreno, dime por favor, ¿Cuáles son las 3 cosas que quieres que tenga el lote de terreno ideal para ti? Lo importante, cuando preguntas es que el cliente responde. Puede decir: Que esté en una buena ubicación, que tenga todos los documentos en regla y qué ya esté urbanizado. Entonces ya sabes que cosas busca el cliente. Ya tienes las 3 razones para venderle.

Para el cliente, que quiere una sesión de fotos, por favor dime, ¿Cuáles son las 3 cosas que estás buscando en una sesión de fotos? El prospecto dirá: Quiero verme joven, quiero que mis fotos sean nítidas y que el fotógrafo tenga paciencia. Qué hago yo hablando de otras cosas, porque no tiene sentido para el prospecto. Tú le vendes al cliente, lo que quiere.

Para una agencia de turismo, dime por favor, ¿Cuáles son las 3 cosas que estás buscando de la agencia de turismo ideal para ti?, el prospecto dirá: Que sean puntuales, responsables y que tengan paciencia.

Para el que vende celular, por favor, dime, ¿Cuáles son las 3 cosas que estás buscando para tu celular ideal? El prospecto dirá: Que tenga una memoria de 512 Gb, una cámara de 23 megapíxeles, y que tenga carga rápida. Tengo que hablar, de que lo trajeron de otro país, de los aplicativos, de la empresa, no. Lo que tenemos que tener en cuenta es lo que quiere el prospecto y en eso nos concentramos. Entonces tengo que concentrarme en mi presentación, en esas 3 cosas que está buscando el prospecto.

Una vez que detectamos el problema, ahora tenemos que hacer que el cliente agrande el problema, mientras más grande sea su problema del cliente, el cliente va a querer solucionarlo de manera urgente.

Imagínense que ahorita, les doy una piedra pequeña a su mano, y le pregunto: ¿Lo puedes sostener? La respuesta que dirás es sí porque es pequeña. Ahora imagínate que esa piedra pequeña, aumente su tamaño 5 veces, y luego preguntas al cliente, ¿Lo podrás sostener? Como la piedra pesa mucho más de lo que era antes, el cliente necesita que les ayudes de manera urgente.

Si le preguntas, ¿Quieres ayuda? El cliente te responderá que sí.

Cuando el cliente te dice las tres razones por el que quiere comprar, luego el cliente, agranda su problema cuanto tú lo preguntas, el cliente es consciente de que su problema le causa dolor y que necesita solucionarlo de manera urgente.

Para que el cliente agrande su problema, lo que tienes que hacer son las dos preguntas. ¿Qué te ha pasado? ¿Qué has visto? Jamás tienes que agrandar el problema como vendedor, el cliente es el que agranda el problema, cuando responde a las preguntas que tú haces.

Cuando vendas celular, señor dijiste que querías una memoria de 512 Gb. ¿Qué te ha pasado? ¿Qué has visto? Y el cliente te responderá, lo que pasa es que el otro día, estaba tratando de bajar una aplicación para editar vídeos y me decía memoria llena, memoria llena, memoria llena, entonces tenía que borrar algunos archivos, y me seguía diciendo memoria llena y eso me incomodaba. Entonces, en este caso el que agrandó el problema es el cliente. El prospecto quiere solucionar ese problema.

Por ejemplo, cuando preguntas a un prospecto y te dice: Estoy buscando una buena estrategia. Y preguntas: ¿Qué te ha pasado? ¿Qué has visto? La otra vez vino un joven, y me dio una estrategia muy antigua y que no me funcionó. Aquí el que agrando el problema es el cliente.

Cuando preguntas, por ejemplo, ¿Qué estas buscando? Te responde: Un lote urbanizado. Tú preguntas: ¿Qué te ha pasado? ¿Qué has visto? Y el prospecto responde, de que el otro día un señor me llevó al campo, y lo había marcado con yeso, y en realidad no estaba urbanizado y tenía documentos falsos y eso no quiero. En este caso el que agrandó el problema es el cliente.

Entonces lo que tienes que hacer, para que el cliente agrande el problema que tiene, es hacerle dos preguntas: ¿Qué te ha pasado? ¿Qué has visto? Eso es la clave.

Una vez que el cliente agrandó el problema, y es consciente que el problema le causa dolor, insatisfacción, el mismo se vendió.

Ahora la solución al problema que tiene el prospecto, no se le da, de manera directa. Para dárselo la solución, se condiciona la solución. Ahora veamos.

## Solución

En este proceso de la venta, tenemos que condicionar la solución.

La S de solución es también la S del sí condicional. Tú tienes que decir al cliente, si consigo, si existiera, si hubiera, lo comprarías, ¿Verdad?

Ejemplo: Dices, si lo consigo lo que estás buscando, tú lo compras, ¿Verdad? El cliente te dirá que Sí. Y cuando el cliente te dice Sí acabas de vender. Cuando ni siquiera lo has explicado de lo que tienes. Del Sí que te dice el cliente es lo que te agarras hasta el final y por ese Sí es lo que el cliente lo compra.

Por ejemplo, en el caso del celular.

1.- Memoria de 512 Gb. Le dices si hubiera un celular que tuviera una memoria de gran capacidad. ¿Lo comprarías? El cliente responderá: Sí.

2.- Cámara de 23 MP. Si te consigo una cámara con buena resolución para que publiques en tus redes sociales. Lo comprarías, ¿Verdad? El cliente responderá que: Sí.

3.- Carga rápida. Si te consiguiera un celular que, en pocos minutos, se carga al 100 %. Lo comprarías, ¿Verdad? El cliente responderá: Sí.

Entonces recordando. Preguntas, ¿Dime por favor 3 cosas que estas buscando? Luego ¿Qué te ha pasado? ¿Qué has visto? Después tú dices si hubiera, algo que resolviera tu problema 1, 2 y 3 tú lo comprarías

¿Verdad? El cliente dirá: Sí. Y tú como vendedor tienes la solución que está buscando el prospecto, eso es venta.

**Deseo**

Una vez que dices si hubiera, algo que resuelve tu problema, tú lo tomas, ¿Verdad? El cliente te dirá: Sí.

Si hubiera un producto que resuelve las tres cosas que estás buscando, tú lo compras, ¿Verdad? El cliente te dirá: Sí.

Si existiera las 3 cosas que estás buscando en una asesoría, tú lo tomas, ¿Cierto? El cliente dirá: Sí.

Ahora recién me presento y utilizamos la D de deseo de compra.

Ahora si tienes que hablar de los beneficios del producto o servicio que vendes.

Le dices que el producto tiene esto y te sirve para esto, tiene esto y te sirve para esto, tiene esto y te sirve para esto. Eso es la clave del éxito.

Me dijiste que estabas buscando un celular de carga rápida, ¿Verdad? El cliente dice: Sí. Le dices que justamente este celular, tiene una carga rápida, **¿Para qué te sirve?** Te sirve para que no estes siempre buscando un tomacorriente y no pierdas el tiempo. Aquí tienes que eliminar, su problema que agrandó el prospecto, cuando le preguntaste, ¿Qué te ha pasado? ¿Qué has visto? El prospecto agrandó su problema al responder las preguntas.

Me dijiste que el celular tome buenas fotos, ¿Verdad? El cliente dirá: Sí. Justamente este celular tiene 23 MP. **¿Para qué te sirve?** Te sirve para que tomes buenas fotos, y resuelva lo que te quejaste, lo que te quejaste, lo que te quejaste.

Me dijiste que estabas buscando un celular con buena memoria, ¿Verdad? El cliente te dice: Sí. Le dices que justamente este celular, tiene una buena memoria, **¿Para qué te sirve?** Te sirve para resolver, eso que te has quejado, eso que te has quejado y eso que te has quejado.

**Cierre**

Ahora viene el resumen y aplicamos el Cierre de Agradecimiento

Entonces dices: Estas son las tres cosas que estabas buscando en un celular, ¿Verdad?

Prospecto: Sí

Entonces dices gracias por confiar en mi empresa. Le das la mano y le dices bienvenido. Cerraste la venta.

Entonces el cierre de agradecimiento, es cuando utilizamos la palabra mágica, gracias. La gratitud es el motor de generación de felicidad en nuestras vidas. Esta palabra gracias, hace que el ser agradecido concentre su atención en las circunstancias buenas de la vida, haciendo que éstas se incrementen atrayendo más de lo bueno. Sentirse agradecido es requisito indispensable para ser feliz, además es muy beneficioso para la salud. La gente que se siente agradecida tiende a ser más optimista, y a tener mayor vitalidad. ¿Qué tienes que lograr en el cliente? Lo que tienes que lograr es que esté feliz con la compra de tu producto o servicio.

## El Resumen del Método PSDC

**Problema.** Detectas 3 problemas del cliente, haces las preguntas ¿Qué te ha pasado? ¿Qué has visto?, para que el cliente agrande su problema al responder.

**Solución.** Le dices al cliente si hubiera las 3 cosas que estás buscando, lo tomarías, ¿Verdad? El cliente, responderá: Sí.

**Deseo de Compra.** Entonces le dices, éstas son las tres cosas que estabas buscando. Le haces un resumen. Y en cada cosa que vas presentando preguntas: ¿Para qué te sirve? Te sirve para, eso que te has quejado, eso que te has quejado, eso que te has quejado.

**Cierre de Venta.** Entonces le dices estas son las tres cosas que estabas buscando. Le haces un resumen. El cliente dirá: Sí. Entonces le dices gracias y luego bienvenido, le estrechas la mano y cerraste la venta.

Este método se puede utilizar en diferentes aspectos de la vida. Vamos a hacer un ejemplo para venderse uno mismo.

Por ejemplo, cuando quieres tener tu novia.

Ismael: Marleny cuéntame por favor, por qué terminaste con Juan.

Marleny: Porque era machista, era celoso y no le gustaba hacer deporte.

Ismael: Marleny dime, cuáles son las tres cosas que estás buscando en el hombre ideal.

Marleny: Que sea chico tranquilo, trabajador y que le gusta el deporte.

Ismael: Marleny me comentas que sea tranquilo, ¿Qué te ha pasado? ¿Qué has visto?

Marleny: Miraba a muchos chicos que engañaban con las amigas.

Ismael: Me comentaste que sea trabajador, ¿Qué te ha pasado? ¿Qué has visto?

Marleny: A muchas personas, no les gusta trabajar, quieren dinero fácil.

Ismael: Me comentaste que sea deportista, ¿Qué te ha pasado? ¿Qué has visto?

Marleny: A muchos no les gusta el deporte, y eso me incomoda.

Ismael: Una consulta, Marleny si hubiera un hombre que fuera tranquilo, trabajador y deportista, ¿Saldrías con él?

Marleny: Claro, que sí.

Ismael: Entonces Marleny me presento. Mi nombre es Ismael, y te comento que soy un joven bastante tranquilo, que siempre estoy en mi casa, te comento que soy una persona bastante trabajadora, y me gusta el deporte.

Y justo Marleny me comentaste que para ti un chico ideal es que sea tranquilo, trabajador y deportista. ¿Verdad?

Marleny: Sí.

Ismael: Entonces Marleny, bienvenido a nuestra primera cita. No sé si prefieres que ahora nos vayamos al cine o a comer pollo, tú decides.

Marleny: Al cine.

En este caso te vendiste, y lograste lo que querías. La primera cita.

Ahora otro ejemplo: Sobre un negocio de suplementos nutricionales, para control de peso.

En este caso Marisol se contacta.

Ismael: Marisol cuéntame por favor, cuáles son las tres razones por las que quieres consumir un producto que te ayude bajar de peso.

Marisol: Bueno, porque quise comprar ropa, la ropa no me quedaba, ya no podía comer lo que me gustaba, mi esposo me dijo que soy gordita. La verdad, que no me siento cómoda, me falta energía, como que estoy más apática, quiero ser como antes.

Ismael: Me comentaste que ya no te quedaba la ropa, ¿Qué te ha pasado?

Marisol: La verdad compré una talla más y no me gusta.

Ismael: Me comentaste que ya no podías comer lo que te gustaba, ¿Qué te ha pasado?

Marisol: He subido de peso y no me gusta.

Ismael: Me comentaste que tu esposo te dijo que eres gordita, ¿Qué te ha pasado?

Marisol: La verdad que me incomodó, no me gusta que me digan gordita.

Ismael: Me comentaste que te faltaba energía y que te sentías apática. ¿Qué te ha pasado?

Marisol: Lo que pasa es que tengo que estar tomando, café, todos los días para tener energía y eso no es bueno.

Ismael: Si hubiera un producto, que te ayudara a recuperar tu peso ideal, para que puedas ponerte el pantalón que siempre te ha quedado bien, que te ayudara a que tu esposo lejos de decirte amor, has subido de peso, te diga, que bien te ves, y te ayudara a tener más energía. Si hubiera un producto que solucione esas tres cosas que estás buscando, sí lo tomarías. ¿Verdad?

Marisol: Claro. Sí.

Ismael: Entonces Marisol, justamente nosotros tenemos un producto nutricional que te ayuda a bajar de peso, ¿De qué forma? Voy a empezar por el tema de energía, la falta de energía que tú tienes, no es solamente por el esfuerzo físico extra que haces para mover el sobrepeso que tienes, sino es la alimentación que tienes, y te estas alimentando inadecuadamente, por eso existe mucha grasa en tu cuerpo, entonces tengo un producto que te ayuda a bajar de peso y a la vez te alimenta, porque este producto tiene muchos suplementos alimenticios, como vitaminas A, B,

C, D, … **¿Para qué te sirve?** Te sirve para inyectar a tu cuerpo, nutrientes, vitaminas que te dan energía, que obviamente te está faltando por la mala alimentación. Eso es lo que estás buscando, ¿Verdad?

Marisol: Sí

Ismael: Entonces, gracias, bienvenida. Quiero saber si tomaras, ¿Media docena o una docena?

Marisol: Media docena.

Ismael: Gracias por confiar en el producto. Bienvenida Marisol.

Entonces tener en cuenta de que, cuando el cliente agranda su problema genera el cortisol que es la hormona del estrés, y la clave es eliminar el cortisol. Cuando como vendedor le preguntas ¿Qué te ha pasado? ¿Qué has visto? El cliente en su cerebro genera el cortisol, y esa sensación al cuerpo no le gusta. Cuando tu como vendedor condicionas la solución a su problema se genera la endorfina, que le hace sentir feliz, también genera la dopamina que es responsable del placer, y la serotonina que ayuda al prospecto a tener el estado de ánimo tranquilo y relajado.

Entonces se produce la asociación, esto quiere decir que a ti como vendedor el cliente te asocia como la solución a su problema, te asocia como si fueras la endorfina. Es así que pasas de un cliente que está estresado a un cliente feliz, porque tú tienes la solución para el cliente.

Resumen: Cuando tu cliente llega frío, preguntando información y precio, tú lo envías un vídeo de bienvenida, en el vídeo le saludas, le agradeces y le felicitas, y le das un tip, de allí le dices cuantos años te dedicas a lo que haces, a cuantos le has ayudado, y pides las tres razones por el que se ha contactado contigo, si te responde por Messenger, lo llevas al WhatsApp, sino te responde envías tus vídeos de testimonios. Una vez que lo pasas a WhatsApp, lo llamas o lo invitas al zoom, dependiendo de tu producto o servicio, utilizas el Método PSDC. Todo lo que te digo, practícalo de manera permanente, así serás un vendedor profesional, duplicando, triplicando, cuadruplicando tus ventas, no tienes límite, el límite lo pones tú.

## Paso 3. Responder las Objeciones en Ventas

Las ventas son para las personas atrevidas, tienes que ser atrevido. Nadie te buscará, tienes que salir a conseguir ventas para que tengas éxito.

Las ventas, es una ventana de oportunidad que existe hoy en día. Es una carrera en la que una persona puede trabajar para sí mismo, ser su propio jefe y hacer realidad sus sueños.

Vender es la acción de convencer, persuadir, negociar y conseguir lo que tú quieres.

Aprende el gran arte de vender y nunca te faltará trabajo, porque siempre serás importante para los demás.

Los vendedores son los que dirigen los productos o servicios, pequeños negocios, grandes empresas, industrias completas, economías enteras.

## Objeciones en Ventas

## Requisitos para Manejar las Objeciones

- El profesional de ventas tiene que saber sobre las objeciones que harán los clientes y para responder tiene que estar preparado y así vender su producto o servicio.
- El profesional en ventas tiene que saber sobre las características, ventajas y beneficios de su producto o servicio.

## La Regla del 6

Existe una regla que se aplica a las objeciones y que se denomina la regla del seis.

La regla del 6, plantea que nadie te hará más de 6 objeciones en el proceso de ventas. Puede haber uno o dos, pero nunca más de seis.

Es importante que haga una relación de todas las objeciones que un prospecto calificado podría presentarte para evitar la decisión de comprar. Cuando tenga una lista, organízalos por prioridades. Una vez que haya ordenado las objeciones según su prioridad, agrupe las objeciones por categorías. Puede agrupar en relación al precio, la calidad, la competitividad, la capacidad, la reputación o la novedad. Determina las objeciones y agrúpelas bajo estas categorías. Nunca encontrará más de seis clases diferentes.

Lo importante ahora es desarrollar una respuesta a cada una de sus principales objeciones. Determine exactamente de qué tiene que persuadir a su prospecto para que determinada objeción deje de ser un obstáculo y pueda continuar el proceso de venta.

Una de las formas más poderosas para eliminar las objeciones es presentar los testimonios en formato de vídeo de los clientes satisfechos, que en un determinado momento tuvieron la misma objeción.

Otra forma de lidiar con las objeciones es interpretarlas como preguntas. Trátelas como una solicitud de más información.

Una objeción realmente puede impedir que nuestro cliente compre, sino resolvemos la objeción, por ejemplo, cuando dicen que no tenemos presupuesto, entonces nosotros tenemos que ayudarle a resolver esa objeción, ya sea a través de crédito, financiación. Las objeciones sino se resuelven puede hacer que el cliente no lo compre.

Las objeciones son en realidad una oportunidad para cerrar la venta, si la resolvemos bien las objeciones tenemos la oportunidad de cerrar la venta.

Tenemos que tener en cuenta de que todos los consumidores dudan antes de comprar, son incrédulos, porque han sido engañados muchas veces por los vendedores, como resultado hablan de numerosas objeciones para no comprar. Por ejemplo, dicen, no me interesa, no tengo dinero, el negocio está lento estos días, déjame pensarlo, necesito hablar con mi pareja, déjame una muestra, y así sucesivamente. Tener en cuenta que ninguno de las anteriores es una razón para que el cliente no pueda comprar. Son respuestas normales de parte de los clientes a cualquier oferta de venta. Si usted está confiado en vender, y responde sus objeciones, el cliente empezará a relajarse. Muchos compradores que dudan al inicio, poco a poco cambiarán su manera de pensar gracias a la actitud positiva y las expectativas positivas del vendedor. Con el correr de los minutos, la resistencia de compra del cliente desaparece y decide a comprar.

No existen ventas sin objeciones. Las objeciones nos indican que el prospecto tiene interés. Las objeciones son señales de tránsito que nos conducen paso a paso al cierre de la venta. Tenemos que entender que, si no hay objeciones, eso quiere decir que no hay interés y si no hay interés, no habrá venta. Mientras más objeciones le plantea el prospecto, más probabilidades tiene de hacer la venta.

Como vendedores que somos debemos facilitar que los clientes nos digan sobre las objeciones que tienen, respondiendo de manera muy amable y constructivamente.

Cuando escuchas una objeción de tu prospecto, diga es una buena pregunta, que le alegra que lo haya mencionado, sabemos que a todo el mundo le gusta que lo halaguen. Cuando usted halaga a alguien por plantear objeciones o preguntas sobre su producto o servicio, le hace sentir bien. Se sentirá más cómodo para que pueda hacer más preguntas.

Cuando le presenten una objeción, escúchela hasta el final. Tenga paciencia en la escucha. Siempre antes de responder haga una pausa. Puedes preguntar, ¿Qué quiere decir? Para demostrarle al prospecto de que usted está escuchando atentamente y que entiende su preocupación.

Una objeción es algo que usted puede responder de manera lógica y funcional, es un problema que tiene solución. Es un obstáculo que puede ser sacado del camino para concretar la venta.

Cuando un prospecto, le presente una objeción, usted tiene que escuchar hasta el final, pídale al prospecto que le explique más detalladamente. Justamente en este punto es muy importante la pregunta ¿Qué quiere decir? Asegúrate de entender claramente el razonamiento detrás de la objeción antes de responder. Si te apresuras respondiendo, podrías estar respondiendo una preocupación equivocada y estar alejándote de tu objetivo principal.

Todas las objeciones que presenta el prospecto, respóndelas con amabilidad, cortesía y respeto. Responda siempre somo si fuera un comentario valioso y digno de consideración. Cuando usted tratas a las objeciones con amabilidad, los prospectos perciben que a usted le preocupan sinceramente sus opiniones. Como resultado, empiezan a apreciar al vendedor y al producto o servicio que representa.

También tener en cuenta, de que, en el proceso de venta, existen las excusas de parte de los prospectos, las excusas son falsas razones para que el cliente no realice la compra.

Ahora vamos a responder las objeciones más comunes que existen en el proceso de la venta. Lo que tienes que hacer es adaptar las objeciones de acuerdo al producto o servicio que vendes.

## Objeción 1: Lo Siento Solo Tengo 5 Minutos
Pedro: Lo siento, solo tengo 5 minutos

Ismael: Magnífico, los 5 minutos son suficientes para presentarte los beneficios de mi producto o servicio.

## Objeción 2: Es Muy Caro
Ejemplo 1:

Pedro: Es muy caro.

Ismael: Te entiendo, es precisamente por eso, lo que tienes que comprarlo. Para que tengas más ingreso económico y no quedes mal, delante de tus amigos.

Ejemplo 2:

Supongamos que estoy con uno de mis clientes potenciales, que quiere pagar sobre el taller de Marketing Digital y Ventas de 12 horas en vivo.

Pedro: Es muy caro.

Ismael: Te entiendo Pedro, es precisamente por eso, lo que tienes que comprarlo. Para que ganes más dinero y puedas disfrutarlo.

Ejemplo 3:

Pedro: Es muy caro

Ismael: Te entiendo y esa es la razón por la que te mereces.

Y pasarán una de las tres cosas:

Opción 1: Sonreirá y tal vez se reirá y te dirá tienes razón.

Opción 2: Preguntará ¿Qué quieres decir? Y lo respondes, lo que quiero decir es que por eso tienes que comprarlo, porque esta pulsera es única, es exclusiva para usted, está diseñado para ti, y solo tú lo tendrás. Claro está de que dirás esa respuesta cuando el cliente está buscando exclusividad. Debes de responder de acuerdo a los beneficios que el cliente está buscando.

Opción 3: Te puede responder de que es una cosa ridícula lo que ha escuchado. Y tú sonriendo le respondes. Tú te mereces este producto o servicio, porque esta pulsera es única, es exclusiva, está diseñado para usted y solo tú lo tendrás.

Ejemplo 4:

Pedro: Es muy caro

Ismael: Es un buen punto, ¿Por qué le parece que cuesta más de lo que usted esperaba pagar?

Pedro: Puedo conseguir mejor precio en otras empresas.

Ismael: Otro buen punto, ¿Por qué cree que nuestros competidores venden un producto similar a más bajo precio?

Pedro: Porque es de mala calidad.

Ejemplo 5:

Pedro: No puedo pagar ese precio.

Ismael: Debe imaginar que realmente el prospecto le está diciendo. Muéstrame cómo puedo justificar el gasto de esa cantidad de dinero. Lo que tienes que justificar es mostrándole los beneficios del producto o servicio.

Ejemplo 6:

Pedro: Es demasiado dinero, no puedo pagarlo.

Ismael: Explica los beneficios del producto o servicio. No tienes que hacer caso a la resistencia inicial.

Pedro: Acepta, pero dice: No puedo comprarlo. No tengo el dinero para el depósito inicial. Gracias, en este momento no es posible. El menciona así porque piensa que los pagos son anuales.

Ismael: ¿Qué tal si lo estructuramos en pagos mensuales y se lo consigo por un monto pagable al mes? Le parece, ¿Correcto?

Prospecto: Sí.

Ejemplo 7:

Pedro: No puedo pagarlo en mensualidades

Ismael: ¿Qué le parece si extendemos los pagos por tres años en lugar de dos años para que le queden en menos de 200 dólares mensuales? ¿Podría pagarlo así?

Prospecto: Sí.

Ejemplo 8:

Pedro: Es que cuesta mucho.

Ismael: Señor Pedro, entiendo perfectamente lo que le preocupa. Otros también tuvieron la misma preocupación cuando hablamos por primera vez. Pero lo pagaron, estaban contentos con su decisión de compra, porque comprendieron de los beneficios del producto o servicio.

Ejemplo 9:

Pedro: Muy caro

Ismael: Señor Pedro, este es un precio excelente. Usted está haciendo muy buen negocio. Si considera todo lo que hemos incluido en el paquete, va a estar muy satisfecho con su compra.

Prospecto: Sí.

Ejemplo 10:

Pedro: Es muy caro.

Ismael: O sea en otro lugar esta barato.

Pedro: Sí, en otro lugar está barato.

Ismael: Dime alguna cosa buena que sea barata.

Pedro: Ninguna.

Ismael: ¿Quieres algo bueno o algo barato?

Pedro: Algo Bueno.

Ismael: Entonces estás en el lugar correcto. Bienvenido.

Ejemplo 11:

Pedro: Es muy caro.

Ismael: Pedro una consulta, ¿A qué te dedicas?

Pedro: Soy agente, inmobiliario.

Ismael: Pedro, por tus servicios, ¿Cuánto de porcentaje cobras?

Pedro: El 5%

Ismael: Pedro, por qué yo te tendría que contratarte a ti que me cobra el 5%, y no a mi amigo del colegio, que me está cobrando el 2%.

Pedro: Por la experiencia que tengo. Y por el buen, servicio que brindo.

Ismael: ¿Cuántos años de experiencia tienes?

Pedro: 10 años.

Ismael: Una pregunta. Porque mi amigo cobra 2%. ¿Hace mejor, servicio que tú?

Pedro: No

Ismael: Porque él cobra, 2%, ¿Tú deberías bajar tus precios?

Pedro: No.

Ismael: Tú vales, lo que vales, ¿Verdad?

Pedro: Correcto.

Ismael: Así, como tú lo vales, lo que vales, yo valgo lo que valgo. Por las mismas razones que tú cobras lo que cobras, yo cobro lo que cobro. Por las mismas razones que tu competencia cobra barato, mi competencia también cobra barato. ¿Quieres un servicio como tú das o como tu competencia da?

Pedro: Como el que yo doy.

Ismael: Entonces estamos hablando de lo mismo. Pedro, nombre completo por favor para llenar tu ficha.

Pedro: (Da su nombre completo, y eso es señal de aceptación.)

## Objeción 3.- No Nos Queda Presupuesto
Ejemplo 1:

Pedro: No nos queda presupuesto.

Ismael: Te entiendo Pedro, la mayoría de los clientes con las que me reúno me dicen lo mismo. Pero los beneficios para ellos son demasiado buenos para esperar presupuesto, así que siempre encuentran la manera de tener presupuesto. Y gracias a eso ahora, son más felices, porque pueden generar más clientes, no tienen que hacer llamadas en frío y todos han incrementado sus ventas, lo que ha aumentado el presupuesto de mis clientes. Por eso estoy aquí para que tu equipo de tu empresa haga lo mismo.

Pedro: Sí, tienes razón.

Ejemplo 2:

Esto es para las personas que temporalmente, no tienen el dinero, pero al final del mes, sí lo van a recibir. No es para las personas que no tienen dinero, de manera constante.

Pedro: No tengo dinero.

Ismael: Del monto total. ¿Con cuánto cuentas, en este momento?

Pedro: Cuento con el 20%

Ismael: Si te doy la facilidad de que inicies con ese monto. Tú lo tomarías, en este momento, ¿Verdad?

Pedro: Sí.

Ismael: Perfecto. Y la diferencia, me lo pagarías, en 10 días o 15 días.

Pedro: En 20 días.

Ismael: Ok. Entonces, para conservar, esta oferta, vamos a separarlo, con el monto que tienes. Y cuando vengas en 20 días y lo pagas, te lo llevas el producto o servicio.

## Objeción 4: Necesitamos el Dinero Para Otra Cosa
Ejemplo 1:

Pedro: Necesitamos el dinero para otra cosa.

Ismael: Te comprendo, la mayoría de nuestros clientes están en la misma situación cuando nos reunimos, pero al comprender los enormes beneficios que este producto o servicio les aporta, logran al final encontrar la manera de hacerlo posible, y en este momento están sacando el máximo provecho del producto o beneficio. Tiene sentido, ¿Verdad?

Pedro: Sí.

Ejemplo 2: Digamos que vendas automóviles:

Pedro: Necesitamos el dinero para otra cosa.

Ismael: Te comprendo, la mayoría de nuestros clientes están en la misma situación cuando vienen a comprar, pero al saber sobre los beneficios de lo que disfrutarán de este automóvil, al final siempre toman la decisión correcta y encuentran la manera de llevárselo y ahora lo disfrutan todos los días. Igual que lo disfrutarás de tu automóvil. ¿Verdad?

Pedro: Sí.

## Objeción 5.- No Me lo Puedo Permitir
Pedro: No me lo puedo permitir.

Ismael: ¿Puedo decirte un secreto Pedro?

Pedro: Sí.

Ismael: La mayoría de nuestros clientes, tampoco se lo podían permitir, pero sabían que esto podía marcar la diferencia para su negocio, así que lo hicieron de todas formas. Sé que esto también marcará la diferencia de tu negocio. Y luego mencionas los beneficios de tu producto o servicio.

Pedro: Sí.

## Objeción 6.- Tenemos Muchas Deudas

Ejemplo 1:

Pedro: Tenemos muchas deudas

Ismael: Perfecto, no eres el único, la mayoría de nuestros clientes, también tenían un montón de deudas, y luego mencionas los beneficios.

Ejemplo 2: Digamos que vendes impresoras.

Pedro: Tenemos muchas deudas.

Ismael: Perfecto, no eres el único, la mayoría de nuestros clientes también tenían muchas deudas. Pero ahorras mucho tiempo y dinero con nuestras impresoras, que sin esos beneficios realmente estás aumentando tus deudas. Si compras la impresora hoy, tus profesores podrán ahorrar tiempo e imprimir con mayor calidad. Sabes que los profesores se quejan mucho de esta situación. La decisión de compra que hagas hoy, le harán felices. No solo es sobre el dinero que puedes ahorrarle a la institución, se trata también de impactar la situación emocional de los profesores y las condiciones de los estudiantes y todos te lo agradecerán.

Pedro: Tienes razón. Está bien.

## Objeción 7: ¿Por qué comprarlo de tu empresa, si puedo conseguirlo más barato en otro sitio?

Pedro: ¿Por qué comprarlo de tu empresa, si puedo conseguirlo más barato en otro sitio?

Ismael: Siempre hay productos más baratos. Si el precio fuera el mismo, ¿De quién comprarías?

Pedro: De ustedes.

Ismael: Bueno, gracias por confiar en nosotros. ¿Cuáles serían las 3 razones principales?

Pedro: Las 3 razones principales son: Esto, esto y esto.

Entonces ya tienes las 3 razones para cerrar la venta.

## Objeción 8: Tengo un Contrato de Permanencia de 2 Años con Otro Proveedor.

Pedro: Tengo un contrato de permanencia de 2 años con otro proveedor.

Ismael: Felicitaciones, muy bien. Sino tuvieras un contrato de permanencia, ¿Cuáles serían las 3 razones principales por las que te cambiarías a nosotros?

## Objeción 9: No me Gustan los Contratos.

Pedro: No me gustan los contratos.

Ismael: Te entiendo, hoy en día tenemos que firmar los contratos con todos. Se ha convertido en una costumbre, ¿Verdad?

Pedro: Sí.

Ismael: En todo caso, solo necesito tu firma, aquí en este lugar y lo indicas con el lapicero.

## Objeción 10: Estamos Contentos con Nuestro Proveedor Actual.

Ejemplo 1:

Pedro: Estamos contentos con nuestro proveedor actual.

Ismael: Felicitaciones, muy bien. Muchos de nuestros clientes trabajaron con ellos en el pasado. ¿Hay algo en particular que no te gusta de un proveedor nuevo?

Pedro: Es que son nuevos.

Ismael: Pedro sé que estás contento con ellos, pero si estuvieras trabajando con nosotros tendrías muchos beneficios. ¿Verdad?

Pedro: Sí.

Ejemplo 2:

Pedro: Estamos contentos con nuestro proveedor actual.

Ismael: Te entiendo perfectamente Pedro, a mí tampoco me gustan los cambios innecesarios. Pero, sí me gustan los cambios necesarios para mejorar, cuando te traen mejores resultados. Entiendo que el cambio a veces es pesado pero la recompensa del cambio es muy enorme. Déjame ayudarte a conseguir los beneficios A, B, C. Permíteme ayudarte a conseguir los resultados que esperas y puedas disfrutar de los beneficios. ¿Me permites?

Pedro: Sí.

Ejemplo 3:

Pedro: Estamos contentos con nuestros proveedores.

Ismael: Entiendo, la mayoría de las personas reaccionaron de la misma manera la primera vez que les llamé. Pero ahora son nuestros mejores clientes y nos recomiendan a sus amigos.

Pedro: ¿De qué se trata?

Ismael: Explicas de los beneficios del producto o servicio. ¿Responde los beneficios a tus preguntas?

Prospecto: Sí.

Ejemplo 4:

Pedro: Ya tengo proveedor

Ismael: Algunos años atrás, utilizabas un celular con teclas. Pero hoy usas un celular táctil, ¿Lo cambiaste, porque te fue mal, o por un avance de la tecnología?

Pedro: Por el avance de la tecnología.

Ismael: Le diste la oportunidad al táctil, ¿Cierto?

Pedro: Sí.

Ismael: Es por ello que te pido que me des una oportunidad, para demostrarte lo que tengo. Al final tú decides si lo que tengo es mejor o no. ¿Me das una oportunidad?

Pedro: Sí.

## Objeción 11: Tu Competencia nos da Más

Pedro: Tu competencia nos da más.

Ismael: La mayoría de nuestros clientes solían trabajar con nuestros competidores. Y ahora todos están encantados desde que decidieron cambiarse y trabajar con nosotros. Si estuvieras trabajando con nosotros, ¿Cuáles serían los 3 motivos principales?

## Objeción 12: Nunca he Escuchado Hablar de tu Empresa

Pedro: Nunca he escuchado hablar de tu empresa.

Ismael: ¡Genial! Entonces tengo la oportunidad de enseñarte algunas de las valoraciones de nuestros clientes. La mayoría de las empresas que visitamos ya nos conocen. Te comparto los testimonios de mis clientes satisfechos.

## Objeción 13: Tu Producto o Servicio es Demasiado Complicado

Pedro: Tu producto o servicio es demasiado complicado.

Ismael: Te entiendo. Dejando a un lado la complejidad. Si fuera fácil de usar. ¿Lo comprarías ahora?

Pedro: Sí.

Ismael: ¿Entonces está claro los beneficios que nuestro producto aporta y lo único que se interpone es la complejidad?

Pedro: Si fuera fácil lo compraría, pero es demasiado complicado.

Ismael: ¿Cuáles son las 3 razones principales por las que si lo comprarías?

Pedro: Lo compraría por esto, por esto y por esto.

Ismael: Gracias por confiar en nosotros. Bienvenido.

## Objeción 14: Tu Producto o Servicio no es una Prioridad Ahora

Pedro: Tu producto o servicio no es una prioridad ahora

Ismael: Te entiendo perfectamente, las últimas 5 personas de tu rubro con los que me he reunido han dicho exactamente lo mismo. Es un rubro bastante competitivo, ¿Verdad?

Pedro: Sí.

Ismael: Esos clientes que dijeron exactamente lo mismo que has dicho, ahora están encantados de trabajar con nosotros. Por lo que te menciono Pedro, déjanos ayudarte, para que puedas obtener los beneficios A, B y C. ¿Me permites, ayudarte?

Pedro: Sí.

## Objeción 15: No es Importante en este Momento

Pedro: No es importante en este momento.

Ismael: ¿Qué es lo que he hecho mal? ¿Qué es lo que no entendí? ¿Por qué no funcionaría para usted?

Pedro: (Deja que responda para asegurarnos de sacar a relucir todas las objeciones reales.)

Ismael: Perfecto te entiendo. ¿Qué es lo que más te gusta de nuestro producto o servicio? Tienes que resaltar los beneficios.

## Objeción 16: Tu Producto o Servicio no Funcionaría para mí

Pedro: Tu producto o servicio no funcionaría para mí.

Ismael: ¿Qué es lo que hice mal?, ¿Qué es lo que no entendí?, ¿Por qué no funcionaría para usted?

Pedro:(Dejamos que responda)

Ismael: ¿Algo más? Así nos aseguramos de sacar a relucir todas las objeciones reales y luego decimos, te entiendo, ¿Qué es lo que más te gusta de nuestro producto o servicio?

## Objeción 17: Creo que no me has Entendido Necesitamos una Solución con X no con Y

Ejemplo 1:

Pedro: Creo que no me has entendido. Necesitamos una solución con X no con Y

Ismael: Perfecto Pedro, entonces déjame entenderlo, necesitas X y comprendo correctamente que también, necesitas ayuda con Y, ¿Verdad?

Pedro: Si, eso es lo que estoy diciendo.

Ismael: Te pido disculpas Pedro, porque no comprendí correctamente, el objetivo del producto es ayudarte con X y con Y. ¿Me permites que te lo enseñe?

Pedro: Sí.

Ejemplo 2: Digamos que vendes plátanos o bananas.

Pedro: No queremos comprar simplemente comida, necesitamos comida saludable, algo rico en potasio y fibra y que sea bueno para nuestros atletas.

Ismael: Te pido disculpas Pedro, porque no lo comprendí correctamente, las bananas son alimentos saludables, son ricas en potasio y fibra, y son totalmente recomendadas para los atletas. ¿Me permites que se lo enseñe?

Pedro: Sí.

## Objeción 18: En esa Área Estoy Bien, no Necesito Ayuda

Ejemplo 1:

Pedro: En esa área estoy bien, no necesito ayuda

Ismael: Correcto, es precisamente por eso por lo que quería reunirme contigo y por lo que deberías usar nuestro producto, por el beneficio A, B y C. Por favor Pedro permítame ayudarte y así podrás dominar completamente, en el área que trabajas. ¿Me permites, ayudarte?

Pedro: Sí.

Ejemplo 2: Imaginemos que vendes bombillas LED.

Pedro: En esa área estoy bien, no necesito ayuda.

Ismael: Desde luego Pedro, es por eso de que quería reunirme contigo, para que puedas usar nuestro producto, porque ya estarás delante de tu competencia, porque ahorrarás el 40% de lo que estás ahorrando hasta ahora. Y con el ahorro, reducirás gastos e incrementarás tu flujo de caja, dándote una ventaja de una iluminación adecuada. Permítame ayudarte y así dominarás completamente esta área. Muchas personas ya lo han hecho y tú no te puedes quedar atrás. Además, yo lo puedo dejar instalado muy rápido. Sólo necesito que firmes aquí y aquí, le indicas y listo.

## Objeción 19: Llámame en X Días
Pedro: Llámame en X días.

Ismael: Perfecto, x días, no hay ningún problema. Bueno, solo una cosa Pedro, tú sabes que lo quieres, tú lo necesitas, sabes que vas a comprarlo, y cuanto antes lo tengas, antes lo tendrás los beneficios A, B y C, por qué esperar y volver a pasar por todo este proceso otra vez y mientras tanto tener estrés de dejarlo esto para otro día, dejémoslo listo en este momento, y así ya puedes concentrarte en lo que necesitas. ¿Me permites ayudarte hoy?

Pedro: Sí.

## Objeción 20: Estoy Muy Ocupado para Dedicarle Tiempo a esto Ahora

Ejemplo 1:

Pedro: Estoy muy ocupado para dedicarle tiempo a esto ahora.

Ismael: Te entiendo Pedro, yo trabajo con personas muy ocupadas, pero antes de irme te pido un favor. Hemos hablado 5 minutos y sabes que obtendrás los beneficios A, B y C, y que solucionarías tu problema. Por favor ayúdame a entender ¿Qué falta?, para poder ayudarte. ¿Por qué cambiaste de opinión? Así nos enteramos de la verdadera objeción y la responderemos adecuadamente.

Ejemplo 2:

Ismael: Señor Pedro, muy buenos días, le saluda Ismael, ¿Cómo está? (guardas silencio por un momento).

Pedro: ¡Hola Ismael!, estoy bien. Ismael, disculpa, en estos momentos estoy muy ocupado, ¿Me puedes llamar otro día?

Ismael: Señor Pedro, yo sé que usted es una persona, muy ocupada y que valora su tiempo igual que yo, solo le pido que me dé 1 minuto y si usted considera que después de ese tiempo mi llamada no le aportó ningún valor, por favor, apagarás la llamada que te estoy haciendo en tu celular en ese momento. (guarda silencio, esperando la respuesta)

Pedro: No te preocupes Ismael, dígame.

Ismael: Hablas de los beneficios del producto o servicio. Y luego preguntas. ¿Te gustaría disfrutar de los beneficios que te mencioné?

Pedro: Sí.

Ejemplo 3:

Ismael: Señor Pedro, una consulta, ¿Cómo le va su negocio?

Pedro: Disculpa, estoy ocupado, llámame otro día.

Ismael: Señor Pedro, yo sé que usted es una persona, muy ocupada y que valora su tiempo igual que yo, solo le pido que me dé 1 minuto y si usted considera que después de ese tiempo mi llamada no le aportó ningún valor, por favor, apagarás la llamada que te estoy haciendo en tu celular en ese momento. (guarda silencio, esperando la respuesta)

Pedro: No te preocupes Ismael, dígame.

Ismael: Le preguntaba de ¿Cómo te está yendo en tu negocio?

Pedro: Bien, señor Ismael.

Ismael: ¿Cómo te va en las ventas?

Pedro: Más o menos, señor Ismael.

Ismael: Excelente, señor Pedro, una consulta, de uno al cinco, sabiendo que cinco es totalmente importante,

¿Qué tan importante es para usted aumentar las ventas en su negocio?

Pedro: Cinco.

Ismael: Muy bien, justo tengo un programa de técnica de ventas que me gustaría presentártelo, para que usted pueda, duplicar, triplicar sus ventas, que es lo que está buscando. ¿Verdad?

Pedro: Sí.

## Objeción 21: No Estoy Interesado

Ejemplo 1:

Pedro: No me interesa

Ismael: ¿No te interesa o no es el momento adecuado?

Pedro: No es el momento adecuado.

Ismael: Entiendo, entonces busquemos el momento adecuado, voy a darte prioridad en mi agenda, para poder ayudarte, pactemos una cita, ¿Prefieres el lunes o el martes?

Pedro: El martes.

Ejemplo 2:

Pedro: No me interesa.

Ismael: Entiendo que no te interesa, ya que aún no lo has visto, dame una oportunidad de presentarte el producto X, y al final decides si lo que tengo te interesa o no. ¿Me permites, presentarte el producto?

Pedro: Sí.

Ejemplo 3:

Pedro: No me interesa.

Ismael: Hace unos meses un cliente me dijo exactamente lo mismo, hoy no solo me recomienda con sus amigos y familiares, sino que es mi mejor cliente. ¿Sabes por qué?

Pedro: ¿Por qué?

Ismael: Muéstrale 3 beneficios, de tu producto o servicio.

Ejemplo 4:

Pedro: No estoy interesado

Ismael: Te entiendo Pedro, de hecho, muchas personas con las que hablé al inicio no estuvieron interesados y cuando les demostré de los beneficios A, B y C del producto, al final todos se interesaron y lo compraron. Solo dame unos minutos para explicarte y así decidirás, sí te interesa, como también a otras personas lo interesó. ¿Me permites explicarte en pocos minutos?

Pedro: Sí.

## Objeción 22: ¿Cómo conseguiste mis datos?

Pedro: ¿Cómo conseguiste mis datos?

Ismael: Con una sonrisa y con un tono de voz feliz, le dices que estás en mi base de datos, y esto significa que eres una persona muy importante. Quería presentarte mi producto o servicio. ¿Me permites?

Pedro: Sí.

## Objeción 23: Mejor Envíame la Información y yo lo Miro

Pedro: Mejor envíame la información y yo lo miro.

Ismael: Perfecto Pedro. ¿Cuál es el número de tu WhatsApp? Y le dices. Para enviarte la información precisa estás buscando hacer X o Y.

Pedro: (Cuando te responde ya sabes sobre la objeción precisa.)

## Objeción 24: Tengo que Hablar con mi Pareja

Ejemplo 1:

Pedro: Tengo que hablar con mi pareja.

Ismael: Te felicito Pedro, una consulta, si tu esposa estaría aquí, y estaría con nosotros y te diría, Pedro mi amor, cómpralo. Si dependiera de ti, tú lo tomas ahora, ¿Verdad?

Pedro: Claro, por supuesto, que sí.

Ejemplo 2:

Pedro: Voy a consultarlo con mi esposa.

Ismael: Te felicito. ¿A qué te dedicas?

Pedro: Yo soy Arquitecto.

Ismael: Si yo quisiera, un buen diseño para mi casa, tú serias el experto para ayudarme, ¿Verdad?

Pedro: Sí.

Ismael: Nadie mejor que tú, para que puedas hacer tu trabajo. ¿Verdad?

Pedro: Sí, obviamente.

Ismael: Si tu esposa, tuviera dudas, preguntas, consultas, sobre el producto que yo vendo, ¿Quién sería el experto para responder sus preguntas?

Pedro: Pues, tú.

Ismael: Pedro, así, que nadie mejor que tú, para hacer tu trabajo, te pido que me ayudes hacer lo mío, para explicarle a tu esposa, ¿Me permites?

Pedro: Sí

Ismael: Le explicaré a las 7:00 a.m. o a las 3:00 p.m. ¿A qué hora Pedro?

Pedro: A las 3:00 p.m.

Ejemplo 3:

Pedro: Tengo que hablar con mi pareja.

Ismael: Claro que te entiendo. Pedro qué pasaría si tu pareja te dice que no.

Opción 1:

Pedro: No dirá no.

Ismael: Perfecto, si no dirá que no, ¿Para qué esperar?, llévate hoy, así no tendrías que invertir más tiempo en esto, y empezarás a disfrutar de los beneficios ahora mismo. Le pasas el contrato y le indicas donde debe firmar.

Otra manera de responder: Perfecto, si no dirá que no, para que esperar más, llévatelo hoy y así, no tendrás que gastar más tiempo en esto, y empezar a disfrutar de los beneficios con tu familia y amigos. Tu pareja se quedará super contenta al igual que tus amigos por tu decisión.

Opción 2:

Pedro: Si dice no, entonces no compramos.

Ismael: Lo entiendo y ¿Por qué piensas que diría que no? El cliente dirá una objeción o más objeciones, la clave es saber las objeciones concretas para responder.

## Objeción 25: Tengo que Hablar con mi Socio
Ejemplo 1:

Pedro: Tengo que hablar con mi socio.

Ismael: Te entiendo Pedro, a menudo escucho esto y lo que ocurre es que se pasan días para conversar con su socio. Has invertido un montón de tiempo en esto, sabes que es la mejor decisión para ti y tu socio que no está aquí, tu socio no sabe de los beneficios del producto. Se pasarán días en lo que no pararás de pensar, en lo mucho que quieres esto y finalmente regresarás. Cuanto tiempo te puedes ahorrar, y disfrutar de los beneficios desde hoy. Déjame ayudarte para que tengas el producto que mereces hoy y empieces a disfrutar de los Beneficios A, B y C ahora mismo.

Ejemplo 2:

Pedro: Tengo que consultarlo con otra persona.

Ismael: Debe interpretar que lo que quiere decir es, ¿Me daría, las suficientes razones para comprar esto sin tener que consultarlo con otros?

En esta objeción es muy importante, que le hagas la presentación, usted mismo a su socio, porque si lo hace otra persona, no le dará la información, correcta y allí, muere la venta. Clave del éxito, si o si, tienes que presentar tu producto o servicio a la persona que toma la decisión final de compra. Porque un tercero, no informará bien como usted, solo le dirá sobre el título y el precio, y eso no es suficiente.

## Objeción 26: No lo sé, Necesito Pensarlo

Ejemplo 1:

Pedro: Tengo que pensarlo

Ismael: Te felicito, por lo que te preocupas en tomar una buena, decisión. Voy a hacer un resumen de lo que hemos conversado.

Haces una tabla de dos columnas, en el lado izquierdo pones los motivos por los que Sí comprarías, y en el lado derecho los motivos por los que No comprarías.

| Motivos por los que Sí comprarías. | Motivos por los que No comprarías. |
|---|---|
| 1.-Por la calidad. | 1.- Por el precio. |

| 2.- Por la garantía. | 2.-Por el tiempo de entrega. |
| --- | --- |
| 3.- Por el diseño. | |
| 4.- Por la tecnología. | |
| 5.- Por la facilidad de uso. | |
| 6.- Por los materiales. | |

Pasamos del tengo que pensarlo a identificar las objeciones reales. Tengo que pensarlo, no es una objeción, es solo un escudo, tenemos que descubrir la objeción real, para responderlo. Porque el cliente no te quiere decir, o le da vergüenza, decirlo.

Al cliente le dices, que querías pensarlo, ¿Verdad?

Pedro: Sí.

Ismael: Si analizamos la tabla, qué motivos gana.

Pedro: Motivos por los que sí, compraría.

Ismael: O sea, tienes más motivos, para comprar, que para no comprar. Si lo resolvemos el tema de precio y de tiempo de entrega. Tú lo tomarías. ¿Verdad?

Pedro: Sí.

Ismael: Gracias, por confiar. Bienvenido.

Ejemplo 2:

Pedro: No lo sé, necesito pensarlo.

Ismael: Por supuesto, es normal, ¿Dos horas te parece bien, o prefieres 2 días?

Pedro: Está bien 2 días.

Ismael: Perfecto, quizás pueda ayudarte enviando alguna información concreta de los beneficios del producto. Para ayudarte mejor, qué es lo que necesitas pensar exactamente, es sobre el ¿Producto o sobre el Precio?

Ejemplo 3:

Pedro: No lo sé, necesito pensarlo.

Ismael: No hay ningún problema. Antes de nada, Pedro, sé que no decidirás hoy, pero si lo hicieras, ¿Cuáles serían las razones para contratarnos?

## Objeción 27: Te Odio
Pedro: Te odio

Ismael: Te ríes y dices te entiendo Pedro, mi esposa dice que cuando creo en algo soy demasiado persistente. Los dos sabemos que este producto es demasiado bueno para ti, así que te prometo, que contrátanos hoy y no tendrás que tratar conmigo nunca más, solo con mis colegas y si alguna vez tienes un problema que nadie puede resolver, entonces me llamas y yo te ayudaré y con una gran sonrisa le pasas el contrato mientras señalas dónde deben ir las firmas.

## Objeción 28: Ya Vino Alguien
Pedro: Ya vino alguien

Ismael: ¿Vino alguien de mi empresa o mi competencia? ¿Te explicaron detalladamente o simplemente te dejaron una información?

Pedro: ¿Me explicaron detalladamente? (Si dice esta respuesta 1)

Ismael: ¿Por qué no lo compró?

Pedro: Sólo me dejaron la información. (Sí dice esta respuesta 2)

Ismael: ¿Me permites hacerte la demostración?

Pedro: Sí.

### Objeción 29: Me Siento Cómodo como Estoy

Pedro: Me siento cómodo como estoy

Ismael: Felicitaciones. Sabemos que lo único constante es el cambio. Por lo que déjame demostrarte los beneficios de este producto o servicio. Si te demuestro que es mejor de lo que tienes actualmente. ¿Lo tomarías?

Prospecto: Sí.

### Objeción 30: Déjalo Aquí, Dame un Tiempo para Pensarlo.

Pedro: Déjelo aquí, dame un tiempo para pensarlo.

Ismael: Te lo dejo el producto para que lo pruebes. Si el producto satisface tus necesidades. ¿Lo tomarías?

Prospecto: Sí.

### Objeción 31: La Empresa XYZ es Mejor

Pedro: La empresa XYZ es mejor.

Ismael: Señor Pedro, XYZ es una excelente empresa. Tiene buenos productos y está mucho tiempo en el mercado. Sin embargo, creo que mi producto es superior al de XYZ, en tres detalles específicos. Por favor permítame demostrárselo. Lo demuestras los beneficios de tu producto. Luego le preguntas. Los beneficios del producto que te mostré, son mejores ¿Verdad?

Prospecto: Sí.

## Objeción 32: Todos Ofrecen muy Buen Servicio, pero Después no dan Seguimiento

Pedro: Todos ofrecen muy buen servicio, pero después no dan seguimiento.

Ismael: Señor Pedro, entiendo perfectamente lo que le preocupa. Otros tuvieron exactamente la misma preocupación acerca de nuestro servicio de seguimiento. Pero los clientes que compraron han comprobado de que el seguimiento es real y que están alegres por el buen servicio. Le haces ver un vídeo testimonial de un cliente satisfecho que recibió seguimiento. ¿Responde esto a su pregunta?

Prospecto: Sí.

## Objeción 33: No sé si Debería Comprarlo Ahora, o Esperar un Poco

Pedro: No sé si debería comprarlo ahora, o esperar un poco.

Ismael: Señor Pedro, en su mente parece tener alguna pregunta que le hace dudar de comprar ahora. Puedo preguntarle ¿Cuál es? ¿Es el precio? Estas dos preguntas se hacen una a continuación de otra.

Prospecto: Sí.

Ismael: Señor Pedro, esa es una consideración importante. Y además de esa, ¿hay alguna otra razón que pueda hacerle dudar de comprar ahora?

Prospecto: Sí

Usted: ¿Cuál es?

Pedro: Hará la pregunta.

Ismael: Señor Pedro, es una pregunta importante. Si le respondo de manera satisfactoria, ¿Estará listo para comprar? Quédese en silencio y espere la respuesta.

Prospecto: Sí.

Sé que tendrás muchas objeciones, la verdad hay cientos de objeciones, de diferentes industrias, de diferentes rubros, pero lo que te recomiendo es que utilices testimonios para responder las objeciones, porque los testimonios matan la desconfianza.

Cuando tengas un cliente que está muy feliz por tu producto o servicio, pídele un testimonio. Cuando hay un prospecto que te dice una objeción y ya tienes un testimonio, saca tu testimonio y muéstralos y así, matarás cualquier objeción, duda o desconfianza.

Y si recién estás empezando y no tienes testimonios, busca a tres prospectos y regálale tu producto o servicio, cuando te digan gracias, tú le dices: No te preocupes, yo sé que usted haría lo mismo por mí, luego le pides que por favor te envíe un testimonio sobre la experiencia con tu producto o servicio. El testimonio puede ser en audio, texto, vídeo, foto o una recomendación en las redes sociales.

## Utiliza Testimonios para Responder a las Objeciones

La herramienta más poderosa que puedes usar para superar las objeciones de un prospecto son los vídeos de testimonios de clientes satisfechos que tenían la misma objeción cuando usted habló con ellos la primera vez.

Si usted ha concluido una venta y establecido una buena relación con su cliente, dile que se grabe un vídeo mencionando lo satisfecho que está por comprar el producto o servicio.

En el vídeo testimonial usted debe considerar la respuesta a las objeciones comunes y procurar que su cliente le envíe un vídeo más o menos respondiendo a las objeciones más comunes, ya que lo utilizarás para responder a las objeciones de tus clientes. Por ejemplo, el contenido del vídeo sobre la objeción es muy caro sería: Cuando me presentaste tu producto por primera vez, me pareció muy caro en comparación a otros que hay en el mercado. Pero lo compré y me alegro de haberlo hecho. Comprendí que la diferencia de precio está bien justificada por todos los beneficios que experimenté con tu producto desde que comencé a utilizarlo. Muéstrale este vídeo a tu nuevo prospecto cuando le pregunta sobre el precio. Este testimonio es muy poderoso y la preocupación del prospecto sobre el precio desaparecerá.

Generalmente el prospecto descartará cualquier cosa que digas de tu producto o servicio. El prospecto sabe que eres el vendedor y que se supone que usted hablará bien de lo que quiere vender. Pero si otra persona dijera algo positivo de tu producto o servicio en un vídeo esto sería considerado por el prospecto una declaración válida. Las pruebas aportadas por los clientes satisfechos en formato de vídeo, son una poderosa herramienta para convencer a otros de la calidad y del valor de lo que usted vende.

## Paso 4: Cerrar la venta

El cierre no es todo en la venta, es sólo una parte de proceso que se concreta, si y solo si, los demás procesos se realizaron de manera correcta. Es por eso que antes de cerrar la venta, primero se consigue al prospecto, se le hace la presentación del producto o servicio, si tiene objeciones se resuelve y luego recién se cierra la venta.

Después de tu presentación de tu producto o servicio, nunca preguntes: ¿Qué te parece? Porque el prospecto te responderá su opinión, y comenzará una discusión, porque las opiniones se respetan. Pueda que ganes en la discusión, pero pierdes la venta. Por eso, nunca preguntes: ¿Qué te parece?

Lo que si tienes que preguntar después de tu presentación de ventas es: ¿Qué es lo que más te gustó del producto o servicio? Con esta pregunta estamos programando el cerebro del prospecto para que nos responda, lo que más le gusto, estamos utilizando la programación neurolingüística. Cuando la persona menciona que me gustó, esto, esto y esto. Está hablando de que le gustó y nosotros sabemos que, si le gustó, el prospecto compra. De esta manera correcta es lo que se inicia el proceso del cierre de la venta.

Después de haber respondido a una objeción de manera satisfactoria, usted puede proseguir inmediatamente a formular la pregunta del cierre.

Así como el chef de cocina domina una amplia variedad de recetas para elaborar diferentes platos, de la misma manera es importante que usted tenga una variedad de técnicas de cierre. Tiene que saber solicitar la orden de compra en por lo menos diez formas diferentes, esto dependerá del tipo de prospecto a quien le quiere vender y de la clase de objeciones que reciba.

### Preguntas de cierre:
¿Con qué urgencia lo necesita?

¿Para cuándo lo necesita?

¿Con cuánta urgencia lo necesita?

¿Cuántos necesita?

¿Prefiere que hagamos la entrega en su oficina o en su almacén?

¿Cuál de estos dos prefiere?

¿Preferiría que le enviáramos la cuenta a la dirección de su casa o la de su oficina?

¿Quiere que hagamos la entrega esta semana o sería mejor la semana que viene?

Cualquier respuesta a una de estas preguntas nos indica que la venta es una realidad. Entonces procedes a llenar los papeles y obtener la firma.

Se tiene que entender que lo que impide la venta no es el producto, el precio, la competencia. El responsable es uno mismo. Por no plantear la pregunta de cierre de manera adecuada.

En muchos años aprendí que es muy importante tener habilidades, relacionadas con el cierre en la venta, para ganar dinero.

El mayor obstáculo para tener éxito como vendedor radica en nuestra incapacidad para que el cliente actúe.

Todos los vendedores profesionales son expertos en el cierre. Saben hacer prospecciones de clientes, identificar las necesidades del cliente, fomentar confianza, responder a las objeciones y pedir que el cliente actúe, de diferentes maneras. Pertenecen a la élite del veinte por ciento de los vendedores que ganan la mayor parte del dinero.

El vendedor exitoso tiene que saber responder las objeciones de los clientes y cerrar la venta.

Lo importante es poner en práctica todo lo que se aprende con clientes reales. Es la única manera de aprender, cuando existe una posibilidad real de triunfar o fracasar. Tener en cuenta que en la vida aprendemos de los triunfos y fracasos y así vamos mejorando nuestra habilidad en ventas.

Lo más importante en los negocios es exigir el pedido al cliente y cerrar la venta. Es importante practicar todas las técnicas de cierre cada vez que encuentras a un cliente indeciso. Es importante, sin temor alguno pedirle al cliente que tome una decisión. Esa habilidad te llevará rápidamente a tener éxito en las ventas.

Si usted domina completamente el cierre en las ventas y tienes confianza absoluta en tu capacidad para exigir la orden de compra al final de la presentación de su producto o servicio, tendrás éxito en la venta. Tendrás una mayor autoestima y una mejor imagen de ti mismo. Venderás más cada día y utilizarás mejor tu tiempo.

Lo mejor de todo, es que todas las habilidades del vendedor profesional lo puedes aprender. Cuando aprendes a cerrar la venta, la mayor parte de tu tiempo te sentirás un triunfador. La autoconfianza que tienes afectará positivamente a tus clientes, haciéndolos más propensos a comprar lo que vendes.

Una vez que aprenda a cerrar la venta y a utilizar las habilidades comprobadas a través del tiempo, lo puedes utilizar una y otra vez, y mejorarás tus ventas cada día.

## Personalidad del Vendedor

En las ventas tu personalidad es más importante que el conocimiento de tu producto o servicio, tu personalidad determina el 80% de tu éxito como vendedor.

Esto está demostrado porque existen vendedores que logran altos volúmenes en ventas con productos caros y altamente competitivos, donde la oferta supera la demanda.

También existen vendedores con productos exclusivos en mercados en auge que venden poco.

Cuando usted está preparado mentalmente, su alegría y su volumen de ventas aumentan en forma proporcional. Los vendedores expertos tienen un alto nivel de autoconfianza y autoestima. Mientras mejor imagen tengas de ti mismo, más confianza tendrás a la hora de buscar clientes, presentar tu producto y cerrar tus ventas. Mientras más confianza tengan en usted, más probabilidades tendrás para que te compren lo que vendes.

Sin la autoconfianza es imposible ser un vendedor exitoso, porque usted buscará cualquier excusa para no hablar con los clientes por el temor de ser rechazado o fracasar en la venta.

Tener en cuenta que desde el momento que empiezas a trabajar hasta el día de tu jubilación, usted trabajas para ti, eres el gerente de tu empresa, sólo que es una empresa de un solo empleado que es usted mismo.

Usted es el responsable de todas tus actividades y tus resultados.

Cómo gerente de tu propia empresa, usted decide sobre su preparación, su desarrollo y el mejoramiento continuo de sus habilidades.

La gran mayoría no invierte en su desarrollo personal y profesional. No leen, no investigan, no estudian cursos virtuales, tampoco se conectan a los talleres en vivo.

Prepárese en todo lo que pueda. Mira a tus trabajos como una oportunidad de aprendizaje permanente a lo largo de tu vida. Tienes que estar aprendiendo siempre. Cuando estás más preparado mejor solución darás a cualquier problema que se te presente.

Todo lo que tienes hasta el día de hoy es el resultado de las decisiones que has tomado en tu vida. Tu situación actual es el resultado de las decisiones que has tomado y también de las decisiones que no has tomado. Lo que ganas hoy es el resultado de lo que has hecho y de lo que has dejado de hacer. A veces las cosas que dejamos de hacer por ejemplo completar nuestra educación o mejorar nuestras habilidades, tiene un mayor impacto en nuestro futuro que las cosas que realmente hacemos.

Los triunfadores siempre asumen la responsabilidad por las consecuencias de sus actos, en cambio los perdedores, nunca aceptan la consecuencia de sus actos, siempre tienen alguna explicación de su pobre desempeño. Los triunfadores siempre buscan soluciones a los problemas y enfrentan a los desafíos cotidianos. Prueban diferentes maneras de solucionar los problemas y si no funciona buscan otra solución, nunca piensan en fracasar. Ellos tienen un ardiente compromiso y un gran deseo de triunfar y no permiten que nada ni nadie los detenga.

Los perdedores tienen una enfermedad llamada excusitis, que es una inflamación de la glándula productora de las excusas. Una vez que una persona se contagia con excusitis, en vez de dedicarse a progresar se dedica a buscar excusas para todos los obstáculos que se le presentan en su vida diaria.

Una diferencia fundamental entre un vendedor exitoso con un mediocre es que el primero trabaja mucho más duro que el segundo. Según las investigaciones a los millonarios, los millonarios atribuyen su éxito al trabajo duro.

La ambición es importante para lograr grandes resultados, porque no estas conforme con lo que sabes y quieres aprender más y más, tampoco estás conforme con lo que ganas y luchas por tener mayores ingresos. La ambición es saludable y positiva cuando luchas por mejorar, por crecer, por progresar, esto quiere decir, abandonar el conformismo y la mediocridad.

La empatía es la preocupación por el bienestar de los clientes, es importante para el experto en ventas. La empatía es muy importante para mantener las relaciones de alta calidad con otras personas, en el hogar, en el trabajo y en muchas actividades de la vida diaria. Un vendedor con empatía se esfuerza por comprender la mente del cliente, se esfuerza por comprender sus problemas y sus necesidades. Si usted es capaz de ver a un cliente con los ojos del cliente, podrás vender al cliente lo que el cliente quiere comprar. A manera de ejemplo: Si usted es capaz de ver a Juana con los ojos de Juana, podrás vender lo que Juana quiere comprar.

El vendedor promedio piensa fundamentalmente en hacer su venta ahora, sin pensar en el futuro, en cambio los grandes vendedores mientras están hablando de la primera venta, están pensando en la primera, segunda, tercera, cuarta venta que te harán en el futuro, incluso están pensando venderte muchos años más, tienen un pensamiento de largo plazo. Por eso es importante tener una relación duradera con los clientes.

Si el vendedor no tiene una preocupación por el bienestar del cliente, el cliente se da cuenta de manera inmediata. En poco tiempo sabe si el vendedor está vendiendo para su propio provecho o si tiene una verdadera preocupación por satisfacer sus necesidades o intereses.

La mejor manera de expresar y practicar la empatía es hacer preguntas y escuchar las respuestas con atención. Primero tienes que entender para que luego te entiendan. Mientras más tiempo invierta en entender la situación del cliente, más empatía desarrollará por él y ello facilitará la concreción de la venta.

Los vendedores exitosos tienen la capacidad de insistir aun cuando enfrentan desengaños y fracasos.

Están dispuestos a pagar el precio del éxito. Saben que la única manera de llegar a la cumbre del éxito es trabajando duro y en forma sostenida durante un largo periodo de tiempo.

Para lograr el éxito usted tiene que estar decido a pagar el precio en términos de ambición, deseo, trabajo duro. A medida que ponga en práctica todo lo que está aprendiendo en este libro, progresarás más rápido de lo que te puedes imaginar.

El hombre que no tiene paciencia no está preparado para el competitivo mundo de los negocios, no existe una manera rápida de hacer dinero, todo tiene su proceso, lo importante es avanzar con paciencia, pero sin descansar.

Los mejores vendedores, creen en sí mismos, en su empresa, también en su producto o servicio. Existe una relación directa, de lo que cree en su producto o servicio, y su facilidad con que pueden convencer a su cliente para que pueda creer en él. Por eso es importante que vendas algo en lo que realmente crees, algo que consideres que beneficiará a tu cliente si lo compra. Si usted no puede poner todo su corazón en lo que vende, no venderá mucho.

Si usted no ama su producto o servicio, ni cree sinceramente en él, no tendrá éxito en la venta. Los vendedores más exitosos, tienen un alto concepto de lo que venden. Creen apasionadamente en su producto o servicio, lo defienden, hablan de él día y noche, son fanáticos de sus productos o servicios.

La gente le compra a uno y no al otro porque confían más en el primero. La gente confía en ti, porque sabe que cumplirás con tus compromisos y tus promesas.

Nunca diga que su producto tiene una cualidad sino lo tiene. No incurra en falsas pretensiones. Tampoco no exageres. Incluso una de las cosas más útiles que puedes hacer, para que confíen en ti, es señalar las debilidades de tu producto.

El vendedor de éxito, tiene la capacidad de convertir a los extraños en amigos, donde sea que se encuentre. Cuando usted es sincero y eres empático, gozas de la aceptación de los clientes.

Escoger el producto o servicio que uno debe vender, se parece mucho a un matrimonio. Tiene que existir la química adecuada para que funcione las ventas. Si vas a vender un producto o servicio, tiene que gustarte, tienes que disfrutarlo y creer que será bueno para tus clientes. Y debe ser compatible con tu personalidad.

Cada ser humano somos diferentes, puede ser que ha un vendedor excelente no le vaya bien porque está vendiendo el producto equivocado. Eso no quiere decir que el producto o servicio es malo. Lo que pasa es que el vendedor y el producto no son compatibles.

Cuando usted admira e imita a la gente exitosa, programa su subconsciente para hacer y decir exactamente las mismas cosas que ellos. Cuando programas tu subconsciencia para el éxito, te ayudará a lograr el éxito. Te dará energía, inspiración para que logres tus metas. Tu subconsciencia te ayudará a resolver los problemas. Es la fuerza más poderosa del mundo y puedes utilizarla a tu favor.

Nuestras expectativas, ejercen una gran influencia sobre los demás. Si usted tiene confianza en vender un producto o servicio a un cliente, su expectativa será captada por la mente subconsciente del cliente potencial. Sus expectativas lo capacitan de una manera muy positiva, para influir en el prospecto, para que pueda decidir comprar, lo que es que gana el vendedor y gana el cliente. Asegúrese de crear y mantener solamente expectativas positivas en todo lo que haga en la vida.

Uno de los mayores obstáculos que tiene el vendedor son las expectativas negativas que tiene, esto sucede porque por su actitud negativa o por su experiencia previa, no espera tener éxito. Inconscientemente tiene una expectativa negativa y cuando conversa con un cliente siente que está perdiendo el tiempo. El cliente se da cuenta de la sensación pesimista y responde a la oferta de manera negativa.

Prepárate siempre, tienes que leer libros, ver vídeos, escuchar audios, estar en cursos y talleres sobre ventas, eso hace que estés más preparado y frente a cualquier problema, estarás más preparado para solucionarlo con éxito en un mercado competitivo. Si estás más preparado, tus ingresos, se duplicarán, triplicarán rápidamente.

## La Psicología del Cierre

El cierre es la parte más trabajosa de la presentación de un vendedor. El trabajo del vendedor profesional es estructurar la presentación de manera que pueda avanzar con fluidez hacia el cierre y concluir con la venta. Entonces tener presente como vendedor profesional, de establecer confianza, identificar las necesidades del cliente, presentar el producto, responder las objeciones y finalmente concluir la transacción y obtener el pedido lo más pronto posible.

Como vendedor usted debe avanzar con su cliente con fluidez durante el cierre y asegurar que sea rápido y lo más imperceptible posible. Tienes que hacerlo así, para que minimices el estrés de ambas partes, esto es muy importante. Siempre se produce un período de tensión al final del proceso de la venta. Para usted como vendedor, el cierre es la culminación de todos tus esfuerzos.

La idea de perder un cierre puede ser muy estresante, como necesita que el cliente actúe y puede negarse, a veces la sola idea del cierre desencadena un temor tremendo al fracaso. Es por eso que el proceso de cerrar debe ser lo más corto posible, para disminuir el estrés. Tienes que dirigir al prospecto rápidamente al cierre de la venta.

Una vez que haya explicado los beneficios del producto o servicio y haya estimulado el deseo de compra del cliente, avance rápidamente a lo más importante de todo en proceso de venta esto es el cierre y ultime todos los detalles de la compra.

Planifique y ensaye sus técnicas de cierre hasta que pueda hacerlas sin dificultad. Los vendedores profesionales planifican sus cierres, frase por frase.

Para cerrar la venta tienes que ser positivo. Tus emociones positivas son contagiosas. Cuando tienes un deseo intenso de lograr vender, tu deseo tendrá un efecto positivo en la conducta del prospecto.

Tienes que tener muy en claro todo lo que necesita el cliente. Como has realizado una escucha atenta de las respuestas que dio el cliente a tus preguntas. Usted debe conocer perfectamente lo que su prospecto espera y necesita de su producto o servicio.

El prospecto debe entender el valor que tiene para él tu producto o servicio. Debe quedarle absolutamente claro lo que tu producto o servicio hará para cambiarle y mejorar su vida o su trabajo.

El prospecto debe creer y confiar en usted, usted tiene que ganarse la confianza. El prospecto debe confiar en su empresa y creer que cumplirá sus promesas.

El prospecto debe desear intensamente disfrutar de los beneficios de su producto o servicio. No tiene sentido tratar de cerrar una venta cuando el prospecto no está intensamente interesado en beneficiarse de tu producto o servicio.

El producto o servicio debe ser muy apropiado para el prospecto, ideal para sus necesidades, su capacidad de pago y sus circunstancias.

Antes de hacer la pregunta del cierre usted debe estar seguro de que el prospecto debe desear, necesitar, ser capaz de pagarlo y estar en la capacidad de usarlo para que pueda obtener todo el valor del producto o servicio.

## El Prospecto Tiene la Razón

Nunca le digas a un prospecto que está equivocado. Nunca discuta con un prospecto. Nunca debes considerar la venta como una competencia en el que usted necesita ganar. Diga lo que diga el prospecto sobre tu producto o servicio permanezca de manera relajada y con mucho optimismo. Si usted se pone a discutir con su prospecto, pensando en darle una respuesta excelente, puede que diga que tiene razón, pero al final acabará rechazando la oferta.

En vez de pelear con su prospecto sobre el precio o la calidad del producto, mejor busca una respuesta elegante a la objeción del prospecto. Demuéstrale que no tiene por qué preocuparse del precio y de la calidad.

## El Entusiasmo del Vendedor

El buen entusiasmo te ayuda a cerrar la venta. Con entusiasmo logras rápidamente más ventas, porque actúas con mucha energía y una alta dosis de positivismo que son muy necesarios a la hora de cerrar la venta.

Para tener éxito vendiendo, usted necesita mucha energía. Necesita también querer cerrar ventas. Debe tener un verdadero apetito por el negocio. Debe estar convencido de que el producto o servicio que vende es beneficioso para el cliente. Debe mantenerse ansioso y proyectar el compromiso emocional que le deje claro al prospecto que usted quiere hacer negocio con él.

Es por ello que usted debe dormir 8 horas antes de cada jornada para que tengas un entusiasmo en las ventas y tener éxito. Si has descansado bien, tendrás mucha energía para rendir al máximo.

### Incrementa el Deseo de Comprar

Cada vez que usted describe un beneficio del producto o servicio en una presentación de ventas el deseo de comprar del prospecto se incrementa.

Cuando usted está describiendo los beneficios de su producto o servicio de manera muy positiva, llegará el momento, cuando el prospecto diga: ¿Me puede vender su producto o servicio?

Recuerda: Las características despiertan el interés, pero los beneficios estimulan el deseo de comprar un producto o servicio.

Ejemplo:

Ismael: Habla de un restaurante. La comida es fabulosa, tiene una lista grande de vinos y los precios son justos. La decoración es hermosa, con música en vivo. El servicio es espectacular. El gerente es muy amable y todos los que trabajan allí, te tratan como si fueras el dueño. El restaurante tiene una playa de estacionamiento gratuito para sus clientes.

Pedro: Quiero ir al restaurante.

## Sea Creativo para Vender

Siempre existe la forma de hacer que la venta se realice, si el prospecto desea el producto con suficiente intensidad. Cuando el prospecto le haya expresado un interés intenso por comprar y disfrutar lo que usted quiere venderle, busque la forma que funcione para el prospecto, ayúdale para que tome la decisión de comprar.

Ejemplo 1:

Pedro: Está interesado en comprar una camioneta 4x4.

Ismael: Tengo una camioneta 4x4 perfecto para usted.

Pedro: Lo siento, es demasiado caro para mí.

Ismael: ¿Qué le parecería si tomáramos como intercambio su automóvil para que, sin tener que dar un depósito en efectivo, pudiera salir de aquí manejando su camioneta 4x4?

Pedro: Bueno, es que no podría pagarlo.

Ismael: ¿Y si le financiáramos toda la compra?

Pedro: No puedo pagar mucho cada mes.

Ismael: Podemos extender los pagos a 6 años en lugar de 4 años. ¿Podría pagarlo así?

Prospecto: Sí.

Ejemplo 2:

Pedro: No lo consideramos en el presupuesto. Ya lo hemos gastado todo.

Ismael: Le tengo una solución. Puedes hacer un depósito mínimo. Para reservar tu producto y no venderlo a otro, luego que completes el pago total, ya puedes llevártelo. ¿Qué te parece?

Pedro: Sí.

## La Desaparición Hace que Tomen Acción

Ismael: Pide el precio de una casa en 250 000 dólares.

Prospecto 1: Ofrece una oferta por 220 000 dólares. El posible comprador pensaba que lo venderían en un precio más bajo.

Prospecto 2: Llama a Ismael. (El nuevo prospecto me dijo que le gustaba y que quería de inmediato.)

Converse con el prospecto 1 y dígale que es 240 000 dólares. Y dígale que otro comprador está interesado en la casa, y que si no aceptaba le vendería inmediatamente al otro.

Prospecto 1: Llama al vendedor para que lo venda, en 240 000 dólares.

Prospecto 2: No estaba interesado en pagar tanto. (Este prospecto 2, no compró.)

En este caso la idea de perder la oportunidad de comprar una casa, le motivó a comprar y cerrar el trato.

Este tipo de venta siempre ocurre. Muchas personas no saben cuánto desean un producto o servicio hasta que usted les sugiere que quizás no lo obtengan. En ocasiones solo cuando amenazas con desaparecerlo es que se disponen a tomar una decisión y comprar.

## Ventas Poderosas, Usando dos Frases

Ustedes pueden hacer que el cliente, sienta, toque, palpe su producto sin que lo vea, utilizando estas dos frases super poderosas en las ventas.

También se utiliza en la venta de servicios, lo que queremos es que el cliente viva la experiencia del servicio, sin que se lo hayas dado.

Mientras muchas empresas están invirtiendo millones de dólares en implementar la tecnología para que sus prospectos lo sientan, lo toquen, vivan la experiencia, utilizando la realidad aumentada, la realidad virtual. Lo que vamos a hacer ahora es hacer lo mismo, pero de la manera más natural posible, utilizando dos frases super poderosas, donde se utiliza el cerebro como el gran aliado.

Las dos frases es ¡Imagínate! y ¿Cómo te sientes? Son muy poderosas para el cerebro.

El cerebro cuando escucha la palabra, ¡Imagínate!, para el cerebro es una orden. El cerebro crea películas, y no diferencia entre realidad y fantasía. Utilizamos esto a nuestro favor como vendedores, haciendo que lo toque, lo sienta aun cuando el producto o servicio no lo ha comprado todavía.

Por ejemplo, si te digo, ¡Imagínate! un elefante verde, en tu cerebro imaginas el elefante verde. ¡Imagínate! un cocodrilo rojo, y te imaginas un cocodrilo rojo. ¡Imagínate! que estás en la selva, y te imaginas que estás en la selva.

Otro ejemplo. Cierra tus ojos, ahora, ¡Imagínate! que estás entrando a tu cocina, y en la mesa miras un limón que es más grande de lo normal, coges ese limón, se ve verde, se ve que está ácido, el olor del limón lo sientes, dirígete al cuchillo que está en tu cocina, agarra el cuchillo y pártelo por la mitad el limón, estás sintiendo el olor a ácido, sale su jugo, ahora coge una de las partes y exprímelas en tu boca. Ahora abre tus ojos. ¿Cómo te sientes? Sentiste el olor, sentiste el sabor de la acidez del limón. Tu respuesta será: Sí.

Ahora te pregunto. ¿Ese acontecimiento fue real? Lógicamente que no. Sólo utilicé las frases, ¡Imagínate! y ¿Cómo te sientes?

Exactamente lo mismo, debemos aplicar en la venta. El cerebro no diferencia entre realidad y fantasía, simplemente el cuerpo reacciona.

La venta es 100% emocional. Entonces lo que tenemos que hacer es que el cliente toque, viva la experiencia, sienta, huela, mi producto o mi servicio.

Después de decir ¡Imagínate!, luego preguntas ¿Cómo te sientes? Esa es la clave del éxito. Tienes que preguntar al cliente, ¿Cómo te sientes? Para que pueda fijar en su cerebro, lo que sintió, la sensación que vivió.

Ahora a lo que hacemos, le agregamos dos opciones: Opción 1: Situación favorable, Opción 2: Situación desfavorable.

Opción 1: ¡Imagínate! que tomas mis servicios de la agencia de turismo, te ayudamos en todo el proceso. Disfrutas de todo el viaje.

¿Cómo te sientes?

Opción 2: ¡Imagínate! que te vas con el más barato, no llegas a tiempo, haces transbordo, son irresponsables e impuntuales a la hora de viajar.

¿Cómo te sientes?

¿Cuál prefieres? ¿La primera opción o la segunda opción?

Cliente: La primera

Gracias, Bienvenidos, la venta está cerrada.

## Técnicas de Cierre Triunfadoras

Vender es un trabajo duro en el que uno tiene que estar todos los días alerta, buscando prospectos, identificando necesidades, haciendo presentaciones, superando objeciones y cerrando ventas. Mientras más variantes del cierre de ventas conozca más éxito cosecharás.

Antes de hacer la pregunta del cierre, asegúrese de que el prospecto ya no tenga objeciones. ¿Le parece bien lo que hemos conversado hasta ahora? Si el prospecto responde: Sí, me parece bien, usted puede decir: Muy bien, entonces, ¿Para cuándo lo necesita?

Al final de su presentación puede hacer la siguiente pregunta: Señor Pedro, ¿Tiene alguna pregunta o preocupación que no hayamos cubierto hasta ahora?

A esto se llama pregunta con respuesta negativa. Si el prospecto dice no, quiere decir que sí. Ahora ya puedes hacer la pregunta del cierre.

## Cierre Ascendente

La técnica comprende una serie de preguntas, cada una de las cuales conduce a la próxima, y todas implican una respuesta afirmativa. Las preguntas comienzan de lo general para llegar a lo más específico. Cada pregunta ayuda a calificar más claramente al prospecto en términos de interés y capacidad de compra.

La razón por lo que el cierre ascendente es muy efectivo, es que se basa en la sugestión de las respuestas afirmativas.

Cuando usted realiza una serie de seis preguntas que provoquen una respuesta afirmativa sobre los beneficios que su producto o servicio ofrece, entonces el prospecto está completamente convencido de la calidad y del valor de la oferta.

Cuando el prospecto dice, Sí, seis veces de manera consecutiva, responderá positivamente a casi cualquier pregunta que usted lo diga, aunque las preguntas ofrezcan los mismos beneficios sólo planteadas de otra manera.

Cada vez que usted hace una pregunta, el interés del prospecto se incrementa. Cada respuesta afirmativa incrementa su deseo de compra.

Cualquier No en la respuesta del prospecto hace declinar su deseo de compra. Es como echarle agua al fuego. Por eso es muy importante que estructure adecuadamente cada pregunta de manera que la única respuesta sea un Sí.

Cuando usted hace las preguntas suficientes que tienen como única respuesta el Sí, en el que avanzas de lo general a lo particular, en una lógica adecuada, el deseo de comprar del prospecto aumenta y aumenta, al final el cliente mencionará: ¿Cuánto cuesta?, ¿Cuándo podré recibirlo? ¿Dónde firmo?

Ejemplo 1:

Ismael: Toca la puerta del prospecto y dice: Buenas tardes, ¿Vive usted aquí?

Pedro: Sí

Ismael: ¿Podría hacerle un par de preguntas?

Pedro: Sí

Ismael: ¿Cree usted en la importancia de la impresora?

Pedro: Sí

Ismael: ¿Puedo pasar?

Pedro: Sí

Ismael: ¿Me puedo sentar?

Pedro: Sí

Ismael: Como parte del programa vamos a distribuir gratuitamente impresoras en hogares selectos de esta cuadra, ¿Le interesaría esto a usted y a su familia?

Pedro: Sí

Ismael: Lo colocaremos uno en tu sala, y cuando tus vecinos te visiten y lo vean la impresora, les diga que recibió de nosotros, de modo que podamos venir y mostrarles cómo lo pueden obtener también. ¿Estaría dispuesto a hacerlo?

Pedro: Sí.

Ejemplo 2:

Ismael: ¿Le gustaría incrementar sus ganancias?

Pedro: Sí.

Ismael: ¿Está interesado en reducir sus costos?

Pedro: Sí.

Ismael: ¿Le gustaría que su negocio sea más eficiente?

Pedro: Sí.

Ismael: ¿Le gustaría hacer más en menos tiempo?

Pedro: Sí.

Ismael: ¿Le gustaría ganar más en poco tiempo?

Pedro: Sí

¿Quiere comenzar con esto de inmediato?

Pedro: Sí.

Ejemplo 3:

Ismael: ¿Le gustaría obtener el retorno más alto posible con un mínimo de riesgo?

Pedro: Sí.

Ismael: ¿Le gustaría ganar un retorno más elevado de lo que actualmente recibes?

Pedro: Sí

Ismael: ¿Le gustaría conocer una mejor inversión que genera mayor ganancia?

Pedro: Sí.

Ismael: Si encontrará los beneficios que estás buscando, ¿Le gustaría empezar hoy mismo?

Pedro: Sí.

## Cierre de Bienvenida

El cierre de bienvenida, consiste en dar una bienvenida de manera anticipada, para generar un sentido de pertenencia. Está acompañado de un apretón de manos de manera natural, para reforzar el cierre con el lenguaje corporal de un buen trato. El apretón de manos significa, que tú y yo acabamos de hacer un buen trato.

Cuando te estás comunicando por llamada de celular, solamente utilizarás la voz de bienvenido o bienvenida, porque no podrás dar el apretón de manos.

Si es por videoconferencia, buscaremos un contacto de nuestra palma de la mano, con la palma de la mano de nuestro prospecto mediante la pantalla de la laptop.

Este cierre se utiliza después de tu presentación de ventas.

Ismael: ¿Dime 3 cosas, que más te gustaron del producto o servicio?

Pedro: Me gusto esto, esto y esto.

Ismael: Entonces bienvenido. (Luego realizas el apretón de manos.)

Por favor tu nombre completo.

Pedro: Pedro XYZ

Cuando el prospecto te dice su nombre, es que ya aceptó la compra.

## El Cierre Silencioso
Utilice el silencio absoluto después de hacer la pregunta del cierre, no diga ninguna palabra, es la única presión lícita que debe ejercer como un vendedor profesional. Porque el que primero habla pierde.

La presión del silencio después de la pregunta del cierre es una herramienta muy poderosa en las ventas. Una vez que haga la pregunta del cierre, no debe hablar ni una palabra más. Espere en silencio la respuesta del prospecto.

Hacemos la pregunta del cierre para confirmar si el prospecto ha tomado una decisión.

## Cuando te Preguntan, Responde con otra Pregunta

Las señales más comunes de una decisión de compra ocurren cuando el prospecto te pregunta sobre el precio, los términos y condiciones de la entrega.

Siempre que el prospecto le haga una pregunta en relación al precio, los términos y condiciones de la entrega, conviértela en tu pregunta de cierre.

Ejemplo 1:

Pedro: ¿Cuál es el precio?

Ismael: ¿Con cuánta urgencia lo necesita?

Pedro: Para el lunes.

La venta en este caso será un negocio cerrado.

Ejemplo 2:

Pedro: ¿Cuándo lo podría recibir?

Ismael: ¿Cuántos necesita?

Pedro: 4

En este caso la venta está cerrada.

Recuerda que la persona que pregunta tiene el control. Siempre trata de responder a una pregunta con otra pregunta. Esto te permite obtener más información y muchas veces te permite cerrar la venta.

## Cierre sin Opción

Pedro: ¿Por qué no me deja pensarlo mejor y luego me llama?

Ismael: Lo siento, nunca llamo por segunda vez.

Pedro: ¿Cómo dice?

Ismael: Lo siento, nunca llamo por segunda vez. Usted ya sabe todo lo que necesita saber para tomar la decisión. ¿Por qué no lo toma?

Pedro: Si no va a llamar la segunda vez, entonces lo tomo.

## Cierre Supongamos

Con este cierre puede por lo general descubrir la objeción final para el cierre.

Ejemplo 1.

Pedro: Lo lamento, me gusta lo que me ha mostrado, pero nos hemos gastado todo el presupuesto.

Ismael: Señor Pedro, supongamos que eso no fuera un problema, ¿Existe alguna razón que le haría dudar para realizar la compra?

Pedro: No, esa es la única razón.

Ismael: Bien, supongamos que eso no es un problema, ¿Estaría de acuerdo, en tomarlo?

Pedro: Sí.

Ejemplo 2.

Pedro: Lo lamento, me gusta lo que me ha mostrado, pero nos hemos gastado todo el presupuesto.

Ismael: Señor Pedro, supongamos que podemos resolverlo de manera que usted quede satisfecho, ¿Existe alguna razón que le haría dudar para realizar la compra?

Pedro: Sí, hay otra razón.

Ismael: ¿Cuál es la otra razón?

Pedro: (Menciona la otra razón)

Ismael: Bien, supongamos que podemos resolverlo de manera que usted quede satisfecho, ¿Estaría de acuerdo?

Pedro: Sí.

## El Cierre del Ángulo Agudo

Utilizamos este cierre para convertir una objeción en una razón para comprar. Es muy efectivo cuando el prospecto se ha quedado sin objeciones o resistencia a comprar.

Este cierre te sirve para cerrar la venta, pero también te sirve para detectar excusas de tus prospectos.

Es un cierre todo terreno, que te ayudará a cerrar la venta en muchos casos.

Se utiliza la frase, si pudiéramos…, si podemos demostrarle…, si te consigo…, si consigo demostrarte…

Ejemplo 1:

Pedro: No puedo pagar esos plazos mensuales.

Ismael: Si pudiéramos extender los pagos por un año más y reducirlos a menos de 100 dólares mensuales, ¿Lo compraría?

Pedro: Sí.

Ejemplo 2:

Pedro: Su producto no se ajusta a mis especificaciones.

Ismael: Si podemos demostrarle que sí se ajusta a tus especificaciones y le damos garantía en ese sentido, ¿Lo compraría?

Pedro: Sí.

Aquí lo importante es utilizar su capacidad para satisfacer la objeción como una razón para comprar. El cierre toma como base la objeción.

Ejemplo 3:

Pedro: Me gusta lo que me ha mostrado, pero yo lo necesitaría a fines de semana, y ustedes requieren cuatro semanas para la entrega.

Ismael: Si pudiéramos entregárselo a fines de semana, ¿Lo compraría?

Pedro: Sí.

Ejemplo 4:

Pedro: Está muy caro.

Ismael: Si pudiéramos conseguirle casi lo mismo por menos dinero, ¿Lo compraría?

Pedro: Bueno, si fuera casi lo mismo por un precio menor, Sí, lo compraría.

Ejemplo 5:

Pedro: No me vas a acompañar en el proceso de mi negocio.

Ismael: Si consigo demostrarte que te voy a acompañar en el proceso de tu negocio. ¿Lo tomas?

Pedro: Sí.

Ejemplo 6:

Pedro: Yo, no confío en tu empresa.

Ismael: Si te consigo demostrar, que es una empresa muy confiable. ¿Lo tomas?

Pedro: Sí.

Ejemplo 7:

Pedro: Yo quiero en color rojo.

Ismael: Si te consigo en color rojo. ¿Lo tomas, ahora mismo?

Pedro: Sí.

## El Cierre de la Reversión Instantánea

Este cierre se utiliza en una variedad de situaciones. Es un cierre muy efectivo.

Ejemplo 1:

Pedro: No podemos pagarlo.

Ismael: Señor Pedro, justamente por eso es que debe comprarlo.

Pedro: ¿Cómo? ¿Qué quiere decir con eso?

Ismael: Señor Pedro, usted desea obtenerlo por el precio más bajo posible, ¿Cierto?

Pedro: Por supuesto.

Ismael: Y al mismo tiempo usted desea obtener la mejor calidad, ¿No es así?

Pedro: Pues, claro.

Ismael: Y probablemente va a terminar comprándolo alguno de estos días, ¿Verdad?

Pedro: Bueno, sí, probablemente algún día.

Ismael: Señor Pedro, justamente por eso es que debe comprarlo hoy al precio que le estamos dando, porque usted nunca podrá conseguir una combinación de producto, calidad y precio, mejor de lo que está hoy ¿Por qué no se anima y lo compra?

Pedro: Está bien. Claro.

Ejemplo 2:

Ismael: ¿Le interesaría tener Televisión por cable?

Pedro: No gracias, no podemos pagarlo.

Ismael: Justamente por eso, señor Pedro, es que debe comprarlo, porque no lo puede pagar.

Pedro: ¿Qué quiere decir?

Ismael: Señor Pedro, ¿Puedo hacerle una pregunta?, ¿Cree que alguna vez se decidirá a tener en su hogar Televisión por Cable, para su familia?

Pedro: Bueno, sí, algún día tal vez lo tendré.

Ismael: Entonces, justamente por eso, señor Pedro, es que debe comprarlo hoy. Gracias a la promoción especial, puede obtenerlo hoy más barato que en cualquier otro momento. No se cobra gastos de conexión y pagará el fin del mes. El hecho de que usted no crea que lo puede pagar es exactamente la razón por lo que debería comprarlo hoy. ¿Lo instalamos?

Pedro: Sí.

Ejemplo 3:

Pedro: No me interesa

Ismael: Señor Pedro, creo que a usted podría interesarle, justamente por eso le estoy llamando.

Pedro: ¿Cómo?

Ismael: Señor, Pedro, la mayoría de las personas que están usando nuestro producto no estaban interesados cuando lo contactamos por primera vez. Pero los menos interesados resultaron ser los más satisfechos con lo que este producto ha podido hacer por ellos. Cuando usted dice que no está interesado, eso podría significar que es exactamente lo que andaba buscando. Me gustaría entrevistarme con usted, para mostrarle lo que tenemos y que decida por sí mismo ¿Cuál sería la mejor hora? ¿Tendría un tiempo mañana alrededor de las ocho de la mañana o pasado mañana por la tarde?

Pedro: Está bien. Mañana a las ocho de la mañana.

Ejemplo 4:

Pedro: Me gustaría asistir a su seminario, pero no puedo pagar.

Ismael: Señor Pedro, es justamente la razón por la que debería asistir. ¿Puedo preguntarle cuánto tiempo ha estado trabajando desde que terminó la secundaria?

Pedro: Quince años.

Ismael: Este taller en vivo, de 4 días cuesta 500 dólares, y está garantizado. Usted me cuenta que hace quince años dejó de estudiar y todo ese tiempo ha estado trabajando ¿Y todavía no puede pagar 500 dólares? Esa es exactamente la razón por la que debería conseguir el dinero, para asistir al taller en vivo y aprender a mejorar su condición financiera, de modo que nunca más tenga que confesar que no puede pagarlo.

Pedro: Tienes razón. Haré todo lo posible por conseguir el dinero para pagarlo y estar en el taller en vivo.

## El Cierre Cambio de Posición

Es otro cierre que usted puede utilizar cuando no ha podido descubrir la objeción clave. Es muy efectivo cuando el prospecto no da una respuesta directa. Funciona así. Usted ha establecido una relación amigable, y ha realizado su presentación, sin embargo, el prospecto aún no revela lo que está pensando.

Ismael: Señor Pedro, vamos a cambiar de lugar por un minuto. Póngase usted en mi posición e imagínese que usted es el vendedor. Usted le ha mostrado un producto excelente, pero la persona no toma ninguna decisión y tampoco le da un ¿Por qué? ¿Qué haría usted, si fuera vendedor?

Pedro: Entiendo lo que me quiere decir. Mi verdadera preocupación es esta …

Entonces le revelará la verdadera objeción por la que no acepta la oferta.

Si aun así no le diera la respuesta que espera, investigue más. Estamos hablando del precio, ¿Cierto? Entonces espere en silencio.

Pedro: Sí, tiene razón, o, no, es otra cosa. Si dice No, no es el dinero. (Sólo tendrá que existir una respuesta.)

Ismael: Quédese un momento en silencio y pregunte. Entonces, puedo preguntarle ¿Qué es?, de nuevo quédese en silencio.

Pedro: Bien esta es mi preocupación…

Ismael: Señor prospecto, si podemos resolver su preocupación de manera plenamente satisfactoria para usted, ¿Estaría dispuesto a proceder con la compra?

Pedro: Sí.

## El Cierre de Invitación

Es una técnica muy influyente en las ventas actuales. Al finalizar su presentación usted le hace la invitación al prospecto de manera directa a comprar lo que le acaba de presentarlo

Ismael: ¿Le ha gustado lo que le he mostrado hasta aquí?

Pedro: Sí, me parece muy bueno.

Ismael: ¿Por qué no nos prueba? (Si es que vende servicios.)

Pero si vende productos puedes utilizar el cierre de invitación.

Ismael: ¿Por qué no lo compra?, ¿Por qué no lo toma?, ¿Por qué no se decide y lo toma? (Después quédese en un silencio absoluto.)

Los clientes agotan su resistencia a estas alturas de la presentación y solamente están esperando que usted los invite a comprar. Y cuando usted hace la invitación, los prospectos se sienten aliviados y suelen decir: Muy bien, lo tomo.

Cuando usted insta a una persona a probar algo, suena como una decisión muy fácil de tomar. Los prospectos que no quieren comprar el producto, al menos están dispuestos a probarlo. Lo que tiene que hacer es invitar al prospecto a probarlo.

Algunas preguntas del cierre de invitación son:

¿Cuándo quiere que hagamos la entrega?

¿Con qué urgencia lo necesita?

¿Quiere que lo enviemos a su casa o a su oficina?

¿En qué color lo prefiere?

¿Qué tamaño prefiere?

¿Cuándo le gustaría empezar?

¿Lo necesita de manera inmediata?

Cuando usted utiliza el cierre de invitación, el prospecto puede darle una respuesta afirmativa y seguirle la corriente mientras usted ultime los detalles o puede presentarle una objeción que usted estará listo para responder diciendo: ¿Qué quiere decir exactamente? Al utilizar el cierre de invitación usted conserva el control de la conversación. ¿Desea el miércoles o el jueves? Y si el prospecto le responde que está bien, entonces la venta está cerrada.

## El Cierre Sándwich

Cuando llegue finalmente el momento de abordar sobre el precio, no se limite a revelar el precio al prospecto. En su lugar utilice lo que se conoce como el cierre sándwich.

Con este cierre usted intercala el precio entre dos descripciones del valor y los beneficios que disfrutará al comprar el producto o servicio.

Ejemplo:

Este laptop, incluye los beneficios siguientes …, más sus accesorios y la garantía de un año, le costará 1000 dólares. No solo eso, también se le incluye una capacitación completa sobre su uso para que pueda obtener el máximo valor del producto. En este caso, ha intercalado el precio entre las descripciones de los beneficios para el cliente, que lo mantienen concentrado en el valor que recibirá, más que en el costo.

La clave es que debe aumentar el impulso a comprar del prospecto, destacando los beneficios del producto o servicio y los resultados que obtendrá el prospecto. No lo desanime argumentando acerca del precio. Recuerda que un mayor deseo de comprar de parte del prospecto reducirá la sensibilidad al precio, mientras más desee el prospecto lo que está vendiendo, menos se preocupará por el precio.

Puede minimizar la resistencia al precio comparándolo con artículos más costosos. Cuando un prospecto diga es demasiado caro, usted responde con: ¿En comparación con qué, señor Pedro? El prospecto podría decir: Bueno, comparado con los productos de ABC, el suyo es muy caro. Usted responde: En realidad, el producto de ABC, es similar al nuestro, pero, aunque carece de ciertos beneficios, cuesta 300 dólares más. En este momento tengo la lista actualizada de precios que tienen. Muéstrele al prospecto la comparación de precios en una imagen.

Averigüe cuánto están cobrando sus competidores por un producto similar al que usted vende, y las razones de la diferencia de precios. Cuando un prospecto diga: Me parece muy caro, usted puede responder, Señor Pedro, aquí están, nuestros principales competidores. Estos productos ofrecen y esto es lo que cuesta. Como puede ver, en comparación con los competidores, nuestros productos, tienen un precio justo.

Otra manera de reducir la resistencia al precio es comparando con la vida útil del producto, la calidad, los beneficios, los accesorios adicionales. Si el prospecto dice que el precio es demasiado caro, señálale que, aunque cuesta 200 dólares más que la oferta de la competencia, es porque su producto tiene una vida útil de cinco años, mejor calidad, los beneficios se adecúan a lo que usted está buscando y los accesorios adicionales que ofrece nuestro producto es superior a la competencia.

Cuando un prospecto le diga que no puede comprar, porque el negocio está mal, eso significa que usted no lo proporcionó las razones suficientes para comprar, por lo que no estimuló adecuadamente su deseo de compra. Usted tiene que enfocarse en los resultados y beneficios de su producto o servicio, en lo que haría por su prospecto y de qué manera mejoraría su vida y su trabajo. Recuerda que un deseo intenso de comprar reduce la sensibilidad al precio.

## Cierre Ultimátum

Sabemos que existen prospectos indecisos, que no dicen sí, tampoco dicen no. Dicen que lo están pensando, que necesitan consultar a su pareja, que lo está analizando y así sucesivamente. En este caso puede recurrir al cierre ultimátum, para que tomes el control del proceso y resolver la venta.

Ejemplo 1:

Ismael: Señor Pedro es el momento que debemos tomar la decisión ahora. He llenado este contrato tal como lo habíamos conversado y si autoriza podemos empezar ahora, ¿Qué dice?

Pedro: (Está dudando, no dice sí, tampoco no.)

Ismael: Tomas el contrato ya listo para que firme, le indicas donde debe firmar y te quedas en un silencio absoluto y esperas la respuesta.

Pedro: Revisará el contrato y lo firmará.

Ejemplo 2:

Pedro: Es más de lo que esperaba pagar.

Ismael: Señor Pedro, ¿Qué diferencia le falta para completar?

Pedro: Sólo tengo 5000 dólares, y usted me pide 5050 dólares.

Ismael: Ajustas tu oferta para el monto de 5000 dólares. Señor Pedro, quedamos en 5000 dólares, ¿Qué dice?

Pedro: Sí.

Ejemplo 3:

Pedro: Dígame solamente el precio y le diré si estoy interesado.

Ismael: Señor Pedro, ¿Es el precio lo único que le preocupa? No creo que usted compre algo muy importante solamente considerando el precio más bajo.

Pedro: Tienes razón.

Ismael: Sé que el precio es importante para usted, pero también debe considerar la calidad, la garantía y el servicio de seguimiento. Tal vez no podamos darle el precio más bajo, pero es un buen producto, por lo que el precio es solo una parte, ¿Qué dice?

Pedro: Tienes razón

Ismael: ¿Cuántos necesita?

## El Cierre Secundario

Este cierre se desarrolla en torno a un punto secundario de su presentación. Si el prospecto se muestra de acuerdo con este punto secundario, es porque ha decidido, por extensión, comprar la oferta completa.

El cierre secundario ayuda al prospecto a tomar una decisión en un momento de indecisión y estrés. Entonces al hacer de que el prospecto se concentre en un asunto secundario, usted le facilita que decida y esto es beneficioso para ambos.

Ejemplo 1:

Si un prospecto está considerando, comprar un automóvil, lavadora, refrigeradora, puede utilizar el cierre secundario, preguntando: ¿Le gustaría en color blanco o plomo? Sabemos que el color es una característica secundaria. Lo más importante es que el prospecto compre. Si el prospecto responde que quiere de color blanco, es que ha decidido comprar.

Ejemplo 2:

Usted: ¿Prefiere que se lo lleven a su casa o piensa llevárselo con usted en este momento?

Pedro: Pienso llevármelo conmigo.

El transporte de un producto es un asunto secundario. Como el prospecto menciona que piensa llevárselo, es porque ha decidido comprar.

Ejemplo 3:

Si el prospecto quiere comprar una lavadora, pero no se decide, puede preguntarle: ¿Le gusta con capacidad de lavado de 22 kg o 17 kg?? Si el prospecto dice: El de 17 kg es que ha tomado la decisión de comprar. Usted mencionará: Muy bien, entonces vamos a llenar los formularios y ordenar que lo entreguen, para que pueda llevárselo en este momento. Una vez que ha disminuido la presión en torno a la decisión de comprar. Lo que se logra haciendo que el prospecto se concentre en el detalle secundario, sólo le queda poner por escrito la transacción.

## El Cierre Alternativo

Este cierre también es muy útil para superar el estrés de tener que tomar la decisión de comprar. Consiste en ofrecerle al cliente una alternativa entre una cosa y otra, en lugar de decidirse entro todo o nada. En lugar de ofrecerle un producto y preguntarle si lo quiere comprar o no, es mejor ofrecerle una alternativa de comprar el mismo producto.

Escoja lo que escoja el prospecto, la venta sería una realidad.

Este cierre consiste en poner 2 alternativas para que el prospecto sólo pueda escoger uno de ellos. Obviamente asumimos que el prospecto quiere comprar.

¿Prefiere en la marca HP o Lenovo?

¿Le gustaría más el verde o el blanco?

¿Prefiere llevarse el grande o el pequeño?

¿Quiere el paquete básico o el paquete completo?

Si el prospecto decide por cualquiera de las alternativas, es que ha tomado la decisión de comprar.

Ejemplo 1:

Supongamos que está vendiendo un automóvil y sólo lo tiene en color rojo. Diga: ¿Necesita que se lo entregue hoy día o podríamos entregarlo mañana? De esta manera se le está ofreciendo al cliente una alternativa.

Ejemplo 2:

En caso de que estuviera vendiendo una laptop, podría preguntarle. ¿Le gustaría Samsung o Toshiba?

Ejemplo 3:

- ¿Color rojo o color azul?
- ¿Desea boleta o factura?
- ¿Paquete 1 o paquete 2?
- ¿Por la mañana o por la tarde?
- ¿Vas a pagar en efectivo o con tarjeta?

Cualquiera de las respuestas del cliente es para que compre.

## El Cierre Supuesto

Comience por hacer una pregunta de confirmación, ¿Le parece bien lo que hemos conversado hasta ahora?

Si el prospecto le dice Sí, me parece bien, entonces debe suponer que está accediendo a comprar. Usted debe sacar la orden de compra o el contrato y empezar a llenarlo, suponiendo que ha recibido el sí de parte del prospecto. Le indica donde debe firmar. Luego guarda un silencio absoluto.

En este caso debe suponer que la respuesta Sí, le indica que quiere comprar y usted debe dirigirse hacia los pagos y la entrega.

## El Cierre Resumen

Cuando su producto o servicio incluye varios beneficios, puede utilizar el cierre resumen.

Cuando esté llegando al final de su presentación, diga: Se ha realizado una información completa. Permítame resumirla para usted y entonces podrá tomar su decisión, ¿De acuerdo?

Cada vez que usted repita un beneficio significativo del producto o servicio, el deseo de compra del prospecto aumenta. Si describe estratégicamente los suficientes beneficios del producto uno, tras otro, el deseo de compra del prospecto aumenta enormemente, hasta el punto de que el prospecto diga: Lo compro. ¿Cuándo me lo entregará?

Para utilizar el cierre resumen, repase uno por uno cada beneficio, repitiendo lo que recibirá el prospecto de cada uno. Cada vez que usted señala los beneficios que le reportarán si lo compra, el deseo de poseer su producto o servicio crecerá.

Para que utilice el cierre resumen, tiene que elaborar una lista de los beneficios más atractivos de su producto y presentarlas de manera ordenada, en el momento que presenta observe la reacción de su prospecto y qué beneficios le interesan más. Al final del cierre resumen, el deseo de comprar del prospecto será lo máximo. Luego pregunta: ¿Cubrí todo lo que deseaba saber? Si la respuesta es afirmativa, pregunte: ¿Va a pagar en efectivo o con tarjeta?

## El Cierre Cachorro

Este cierre se utiliza para vender productos por valor de miles de millones de dólares. Se basa en permitir que el prospecto palpe, saboree, sienta, tome en sus manos o pruebe el producto o servicio en cuestión.

Cuando usted ofrece un producto o servicio excelente, que sabe que le dará satisfacción al cliente, permítele que lo pruebe.

Ejemplo 1:

Usted visita a una tienda de juguetes con su hijo, sólo para mirar, el vendedor le muestra al niño varios juguetes, cuando el niño se enamora de uno en particular, le hace que juego un momento con el juguete al niño, una vez que lo disfruta, el niño ya no quiere dejarlo el juguete, como el padre ama a su hijo, compra el juguete.

Ejemplo 2:

Usted alquila espacios de almacenamiento, y ofrece un mes gratis, el prospecto lleva lo que no utiliza al espacio de almacenamiento y luego de pasado un mes ya no quiere hacer regresar sus cosas a su casa, ya lo considera como una extensión de su casa, ya que tiene más espacio en su casa. Entonces lo alquila.

## El Cierre por Equivocación

El cierre por equivocación se basa en una equivocación intencionada, para que el cliente tenga la necesidad de corregirte y si te corrige acaba de comprar y ni se dio cuenta.

Ejemplo 1:

Ismael: Me dijo, que quería la entrega en su casa, ¿Cierto?

Pedro: No, en mi oficina.

Ismael: Sí, disculpe ya recordé. Entonces lo entregamos en su oficina.

Ejemplo 2:

Ismael: Señor, me dijo que iba a pagar con tarjeta. ¿Verdad?

Pedro: No, con efectivo.

Ismael: Entonces con efectivo. Permítame el efectivo por favor.

Ejemplo 3:

Ismael: Me dijiste que querías el paquete 2. ¿Verdad?

Pedro: No. Quiero el paquete 1.

Ismael: Entonces el paquete 1.

## El Cierre Benjamín Franklin

Este cierre es una antigua técnica. Fue desarrollada por Benjamín Franklin en Filadelfia en 1765.

Antes de tomar una decisión, pensamos en los detalles, analizamos los pros y los contras de la decisión, sus aspectos positivos y negativos. Al final de nuestro análisis tomamos la decisión ya sea que puede ser afirmativa o negativa.

El cierre Benjamín Franklin consiste en que al final de la conversación con el cliente, usted puede decirle algo como: Señor Pedro, usted desea tomar la mejor decisión con relación a este producto, ¿Verdad? El cliente dirá que Sí.

Ejemplo:

En primer lugar, utilice una hoja de papel o el procesador de textos Word para que inserte una tabla, en el lado izquierdo escriba todas las razones a favor de la decisión y en el lado derecho todas las razones en contra.

| Razones a favor | Razones en contra |
|---|---|
| En esta columna escriba las razones por la cuales este producto sería la mejor elección. | El prospecto por ejemplo diría, está el precio. |
| Escriba en esta columna los beneficios más atractivos de su producto o servicio y le recuerda al prospecto el beneficio que disfrutará. ¿Está de acuerdo? | Escribe en esta columna sobre el precio. Usted no tiene que decir nada y esperas. Tienes que permitir que el prospecto encuentre por sí mismo todas las razones en contra de la compra. |
| Luego escriba el segundo beneficio, ¿Está de acuerdo? | La mayoría de los prospectos sólo podrán pensar en dos o tres razones para no comprar. |
| Luego escriba el tercer beneficio, ¿Está de acuerdo? | |
| . . | Cuando el prospecto ya no tiene otra razón |

| | |
|---|---|
| .<br>Escribir varias razones diferentes por las que el prospecto debería comprar este producto o servicio. Lo hemos cubierto todo, ¿Verdad?<br>Cuando el prospecto responda afirmativamente, le entregas el papel diciéndole: Ahora escriba usted, las razones que le impiden comprar. Lo escribirá en la columna derecha. | opuesta, entonces puedes decir: Bueno, me parece que ha tomado usted una decisión.<br>El prospecto observa la hoja y dice: Sí, creo que lo he tomado.<br>Entonces usted puede decir: ¿Qué tal si comenzamos ahora mismo? |

## El Cierre Formulario de Orden de Compra

Este cierre es la manera efectiva y rápida de cerrar cualquier transacción en el que requiere llenar un formulario de orden de compra.

En primer lugar, usted tiene que presentar el producto o servicio y que el prospecto ha entendido perfectamente qué es lo que recibirá y qué valor le agregará en su vida o trabajo. A esta altura usted saca su formulario de orden de compra o contrato de venta y empieza a llenarlo, sin preguntarle al prospecto si está decido a comprar o no. Le preguntas al prospecto, ¿Qué día es hoy?, ¿Cuál es la dirección exacta de su casa? Si el prospecto le dice la fecha y la dirección de su casa, la venta está cerrada.

A veces el prospecto le detendrá diciendo: ¡Un momento! Todavía no me decidí a comprar. Usted responde: No se preocupe es que estoy acostumbrado escribir mientras hablamos. Si usted decide no comprar hoy, no hay ningún problema.

Cada vez que el prospecto le dé otro detalle, escríbalo en el formulario, como si estuviera tratando de tomar algunas notas de la conversación. El prospecto se acostumbrará a verle escribir siempre. Luego el prospecto se acostumbrará con el formulario. Una vez completado el formulario, observe al prospecto y pregúntale: ¿Cómo se escribe su apellido? Si el prospecto le deletrea su apellido, su decisión de compra es una realidad. Luego con tranquilidad le preguntas su dirección exacta de su casa, su código postal, su número de celular porque la venta ya está hecha.

Cada vez que el prospecto le da información y le permite escribir, más se compromete a comprar el producto o servicio al final de la conversación.

## El Cierre de la Historia Relevante

Los seres humanos tenemos dos hemisferios cerebrales, el hemisferio cerebral derecho y el hemisferio cerebral izquierdo, cada uno cumplen funciones totalmente distintas.

El hemisferio cerebral izquierdo se utiliza para procesar detalles en forma lineal, uno detrás de otro. El hemisferio cerebral derecho, en cambio, integra la información y es activado por imágenes, música e historias. Todas las decisiones de compra se hacen en el hemisferio cerebral derecho, y a este hemisferio es lo que tenemos que considerar en las ventas.

Con el cierre de la historia relevante usted activa el lado del cerebro del cliente que toma las decisiones, contándole un relato sobre otro cliente que compró su producto o servicio y quedó muy satisfecho con su adquisición. Lo que pasa es que cuando el prospecto escucha un relato sobre un cliente satisfecho, se siente motivado, y desea también estar satisfecho usando el producto.

Tener en cuenta que el prospecto podría olvidar en pocas horas todos los detalles del producto o servicio, pero recordará mucho tiempo lo que usted le haya contado sobre sus clientes satisfechos. Por eso es importante las historias en las ventas. Apréndase varias historias para que lo utilices de manera estratégica en tus ventas. Como vendedor profesional tienes que intercalar en tu conversación con el prospecto para contrarrestar las objeciones y la resistencia a comprar al final de su presentación. Una historia muy impactante puede convertir a un prospecto indeciso en un comprador entusiasta de su producto o servicio.

Ejemplo 1:

Cuento que termina en un final feliz.

Usted cuenta: Me recuerda el caso de Pedro, uno de nuestros clientes de la empresa ABC. El día de ayer me contó que antes de comprar este producto le preocupaba su precio alto, pero luego descubrió que los beneficios adicionales que obtuvo, pagando un precio ligeramente mayor, han compensado con creces la diferencia en el precio. Pedro se sentía muy satisfecho usando el producto o servicio.

Sabemos que la más profunda motivación humana es el deseo de sentirse feliz, es por eso que usted debe contar sobre sus clientes contentos para que en el prospecto desencadene un deseo inconsciente de convertirse también en un comprador satisfecho.

Ejemplo 2:

Cuando el prospecto parece resistirse a comprar un seguro de vida, sacas la copia del documento que describe lo que le sucedió a un exitoso empresario, que falleció con una fortuna de dos millones de dólares. Cuentas de que lamentablemente, este comerciante estaba asegurado por muy poco dinero. En pocos años la pequeña cantidad de dinero se había terminado y su viuda quedó sin dinero, y se vio obligada a mudarse con sus hijos a una casa muy humilde.

Después de escuchar la historia el prospecto, se mostraba muy interesado en asegurar su seguro de vida para él y para su esposa e hijos, para que no lo sucediera como lo sucedió al empresario exitoso. De esta manera la venta es más fácil.

## El Cierre de Retirada

Cuando usted emplea este cierre de retirada, alentando al posible comprador a tomar su decisión ahora en vez de irse, le está ofreciendo ahorrarle todo el tiempo y la energía que tendría que gastar en hablar con otros proveedores.

Recuerda que la lógica hace ventas. Si usted le ofrece una razón lógica para que le compren inmediatamente, en muchos casos conseguirá impedir que el cliente se vaya.

En el mundo de las ventas, se escucha siempre: Voy a pensarlo.

En este caso utilice el cierre de retirada.

Ejemplo:

Supongamos que el prospecto dice: Voy a seguir mirando a ver que más hay, para tomar una decisión. Usted responde: Señor pedro, puede que sea una buena idea. Pero la realidad es que nosotros tenemos la experiencia de más de 10 años. La mayoría de nuestros clientes nos han comprado muchas veces y llegaron referidos por otros clientes que también nos compran. Todos ellos han buscado en internet y al final regresaron y nos compraron a nosotros. Usted puede revisar los precios de los competidores, pero ¿Por qué no se ahorra todo ese esfuerzo? Probablemente volverá usted aquí. ¿No sería más conveniente que tomara su decisión en este momento? Si lo hace podemos envolverlo el producto y se lo lleva en este momento.

## El Cierre Tipo Hoy Nada Más

Con este cierre se aplica la regla de oro del vendedor profesional, si no hay urgencia no hay venta.

Para que el prospecto compre inmediatamente, es necesario darle una razón, un incentivo, un cupón de descuento, un regalo, etc. Usted puede decir que es el último que le queda o también a partir de mañana los precios subirán, o que es el último día de la oferta y si compra hoy tendrá un regalo especial.

Recuerda que el regalo sólo induce a comprar si se presenta al final de la conversación con el prospecto. Si usted ofrece antes del final el regalo al prospecto, pensará que es parte de la oferta y su impacto será mínimo y usted tendrá que dar otro regalo para que pueda conseguir que lo compre. Guárdese los regalos hasta el último momento.

Si el prospecto dice: Quiero estar seguro para tomar la decisión.

Usted: Señor Pedro, déjeme decirle algo: Si compra hoy podría darle un descuento especial extra.

## El Cierre de la Venta Perdida

Este cierre consiste en hacerse a la víctima, preguntando. ¿Qué hice mal? ¿En qué fallé? Para generar culpabilidad en el cliente y que nos diga la objeción real. Aquí, tienes que utilizar las artes dramáticas.

Este cierre se aplica, después de que hayas hecho la presentación, le enviaste vídeos con contenidos de valor, testimonios y el prospecto no compra. Intentaste muchos cierres y no logras cerrar la venta. En este caso vas a utilizar el cierre de la venta perdida.

El prospecto te pide información pasa pensarlo. En este caso no sabemos cuál es la verdadera objeción. Usted pregunta al prospecto: Señor Pedro, le presenté toda la información sobre mi producto, pero, sin embargo, ¿Algo hice mal? Le agradecería mucho si me dijera: ¿Cuál es la verdadera razón por la que no quiso comprar hoy? El prospecto podría entonces decir: la verdadera razón es que… En este caso ese es la objeción final, la razón clave que le ha estado impidiendo comprar. Una vez que usted conoce, tiene la oportunidad para responder satisfactoriamente a esa objeción y hacer su venta. Usted dice: Señor Pedro, muchas gracias, mis disculpas, por no haberle explicado ese punto. Permítame ayudarle para resolver esa preocupación suya. Empiezas a cerrar la venta teniendo en cuenta la objeción final.

Ejemplo 1:

Si el prospecto dice: La razón por la que no me decidí a comprar es que no estoy convencido de que la impresora haga la cantidad de copias que yo necesito, usted responde: Señor Pedro, yo estoy para ayudarlo. Si le demuestro que sí, la impresora hace la cantidad de copias que necesitas, ¿Lo comprarías? Si el prospecto responde que Sí, la venta está cerrada.

Ejemplo 2:

Ismael: Me gustaría saber. ¿Qué hice mal? ¿En qué falle?

Pedro: Ismael no has hecho nada malo. Está espectacular tu presentación. Lo hiciste bien. Lo que pasa es que, no tengo dinero. (En este caso lo que te va a dar es la objeción real)

Y cuando el prospecto te da la objeción real, lo vas a resolver y cierras la venta.

En las llamadas telefónicas, cuando utilizas este cierre de la venta perdida, modula tu voz, esa es la clave. Tú voz tiene que escucharse triste, solo en este caso estarás triste, pero esto es solo para que vendas. Y te dirá que lo hiciste bien, lo que pasa es que no tenía dinero. Como sabes la objeción real, lo resuelves y cierras la venta.

### Cierre Pidiendo Referidos

Una de las formas más rápidas de incrementar sus ingresos, es obtener referidos tanto de prospectos como de los clientes satisfechos. Un referido vale diez o quince veces de lo que vale un prospecto inesperado. Cerrar una venta a un referido es más fácil.

La clave del vendedor es su credibilidad. Cuando usted tiene un referido, está cabalgando sobre la credibilidad de la persona que se lo envió. Lo importante para que obtenga referidos es que usted debe ser referible. La mayor objeción para referir a alguien es que el cliente no esté convencido de que usted tratará bien a su amigo o colega de trabajo. Cuando usted trata bien a sus clientes y les brinda una calidad y servicio excelentes, estos se sienten más cómodos para recomendarles a otras personas que conocen. Si usted es amable, responsable, y bien preparado, la gente querrá compartirle con otros.

## Cierre Up Selling y Cross Selling

Nada mejor que cerrar otra venta después de una venta hecha al cliente.

Aquí, no hay nada más fácil, venderle un producto a un cliente que ya te conoce, que ya confía en ti, que ya te compró. Lo importante es generar más ingreso con el mismo cliente.

El Up selling y el Cross selling se ofrece al cliente, que ya te compró, al cliente que ya terminó de pagarte. Ahora sí le ofreces algo más. Primero asegúrate de la primera venta. La venta adicional es en el mismo momento.

**Up selling:** Consiste en venderle más de lo mismo, pero con mejores beneficios. Mejor calidad, zona vip, garantía extendida, mentoría personalizada, etc.

Ejemplo 1:

En un negocio de Red de Mercadeo, por ejemplo:

Supongamos que el cliente ya te compró el Paquete 1

Ismael: El paquete 1 está buenísimo que lo hayas comprado. Yo te recomendaría ahora, que compres el paquete 2, mira esta es la diferencia, por un poquito más, te llevas el paquete 2. ¿Lo tomas?

Pedro: Sí.

Ejemplo 2:

En una discoteca, te venden la zona vip.

Entrada general a la discoteca: 150 dólares.

Pedro: (Paga la entrega general a la discoteca)

Ismael: Señor Pedro por 50 dólares más, usted puede ingresar a la zona vip de la discoteca, donde estarás más cerca al artista en vivo.

Es otra venta al mismo cliente que ya compró. Vendes un poquito más caro, y ganas más.

**Cross selling:** Es el cierre cruzado, que consiste en vender un producto complementario al que ya hemos vendido.

Ejemplo 1:

Ejemplo: Venta de celular.

Pedro: (Compró un celular)

Ismael: También tenemos audífono de último modelo para tu celular. (Producto complementario al celular)

Pedro: Véndeme el audífono.

Ismael: Si quieres escuchar en un buen volumen el audio de tu celular, tenemos parlante para celulares. (Producto complementario al celular)

Pedro: Véndeme los parlantes.

Ismael: Tu celular tiene que protegerse. También tenemos los protectores de celulares. (Producto complementario al celular)

Pedro: Véndeme los protectores

Ejemplo 2: Venta de auto

Pedro: Compró el auto.

Ismael: Necesitas tener, lunas polarizadas. (Producto complementario al auto)

Pedro: Véndeme las lunas polarizadas.

Ismael: También necesitas, seguro vehicular. (Producto complementario al auto)

Pedro: Véndeme el seguro vehicular.

## Capítulo 3: Seguimiento de ventas

En el seguimiento aportas contenido de valor a tu potencial cliente, para que el principio de reciprocidad se pueda realizar en las ventas. El principio de reciprocidad es un principio de persuasión que funciona muy bien para convencer un cliente. Este principio se tiene que utilizar de manera permanente. En las ventas si regalas al prospecto algo, o le das información que le aporta valor, el prospecto se sentirá comprometido contigo, ya que le estás dando algo, va a sentir una deuda emocional y aumentará la probabilidad que desee colaborar contigo. Cuando el prospecto te dice gracias, le dices: No te preocupes, yo sé qué harías lo mismo por mí.

En las ventas digitales, ¿Qué hacer? Si te dejan en visto. Aplicamos nuestra estrategia de seguimiento espectacular.

Aquí tenemos que tener en cuenta que no es correcto, hostigar al prospecto, esto quiere decir, que solo te comunicas, para vender o para enviar ofertas una y otra vez. Lo que tienes que hacer es seducir al prospecto, aportando contenido de valor, contenido interesante y relevante para tu prospecto. En las ventas digitales tenemos que ser expertos, en dos cosas importantes, haciendo vídeos persuasivos y creando contenidos de valor.

El seguimiento se realiza desde el momento que te pones en contacto con el prospecto, con el propósito de cerrar la venta.

En las ventas digitales, insistir sin estrategia es malo, insistir con estrategia es enamorar.

Ahora, te estarás preguntando, de ¿Dónde? Saco ideas, para hacer mis tips con contenidos de valor, simplemente buscas en TikTok de acuerdo a tu negocio, y eso tómalo como ejemplo, y tú mismo hazlo tus contenidos de valor. Busca los contenidos más virales de TikTok en tu rubro de negocio para que aprendas de cómo hacerlo.

Cuando haces el seguimiento, lo que ocurre es que te metes al cerebro del prospecto. Cuando haces seguimiento, sigues presente en el cerebro del prospecto, y el prospecto te valida como un experto, hasta el punto de que ya no puede resistirse a comprar tu producto o servicio y lo compra, con la compra realizada se siente feliz.

Con el seguimiento estratégico lo que se logra es que el prospecto aumente su deseo de compra, hasta que tu producto o servicio sea irresistible para el prospecto y que acaba comprándolo.

Si ya hiciste tu presentación de ventas y no te llegó a comprar el prospecto, tienes que aplicar esta estrategia de seguimiento espectacular, que tiene 6 seguimientos.

**Seguimiento 1:** Envías una encuesta al prospecto. Sabiendo que 1 es menos importante y 5 es muy importante. ¿Qué te pareció la presentación?

Si el cliente responde 4 o 5, entonces sigue adelante, porque le pareció muy importante.

Entonces le puedes decir cualquiera de las siguientes preguntas, veo que te gustó mucho, ¿Lograste inscribirte al entrenamiento intensivo? ¿Qué falto para que te inscribas? ¿Cómo te podemos ayudar? ¿Qué te gustaría que tenga el entrenamiento para que te inscribas hoy mismo?

Si tienes la oportunidad de llamarlo al cliente, llámalo y eso te genera un vínculo más fuerte y fortalece el deseo de compra del prospecto. La llamada se realiza, dependiendo de tu producto o servicio. Tal vez estás mejor con el chat de WhatsApp continua, lo importante es llegar al cierre de la venta. También cuando es necesario te puedes conectar por Zoom, eso es bueno, dependiendo de tu producto o servicio.

Cuando llamas puedes identificar, rápidamente las objeciones reales y solucionarlo.

Si estás comunicándote por WhatsApp, dile al cliente, dame un segundo, en un momento te llamo. Si el cliente te dice, está bien. Llámalo y conversa, es mejor. Escucharás su voz, y también te escuchará a ti, eso genera confianza.

Si el prospecto te dice que No, le preguntas, ¿Te puedo llamar ahorita, en 5 minutos, o prefieres en 10 minutos? Si el prospecto te dice en 10 minutos, llámale solo así, generarás confianza. Cuando llamas, resuelves todas las objeciones del prospecto y cierras la venta.

En este caso, estamos llevándolo al prospecto de lo que no había comprado después de la presentación a un cierre de venta.

Recordando, el primer seguimiento es una encuesta, para retomar la conversación. En este primer seguimiento, cerrarás muchas ventas, pero qué pasa si sigue dejándote en visto, no te traumes, sigue adelante, siempre con un pensamiento positivo, lo que tienes que hacer es lo siguiente.

**Seguimiento 2:** Ahora mándale 1 tip de valor, en formato de vídeo, que no pase de 1 minuto.

Ejemplo:

Hola, soy Ismael Villa, otro tip de venta, ¿Qué pasa cuando un cliente te dice, es muy caro tu producto? Tratamos de justificarle de por qué tendría que pagar más. Yo te recomiendo que le preguntes al prospecto ¿A qué te dedicas?, supongamos que tu cliente es Arquitecto, le dices si yo me voy a la Avenida X, me cuesta 500 dólares, el mismo trabajo que haces, porqué tendría que contratarte a ti, si otro Arquitecto me cobraría 200 dólares, y no tendría que contratarle a él que cobra 200 dólares. El arquitecto te dará los motivos del por qué cobra 500 dólares, te dirá por mi experiencia, por el buen trabajo que hago. Dile, tú lo vales. Te dirá: Sí, Porque tu competencia cobra menos, ¿Tú deberías bajar los precios? Te dirá, No, así como tú lo vales, yo lo valgo y mi producto lo vale. Y por las mismas razones por lo que tú cobras lo que cobras, yo cobro lo que cobro. Mi nombre es Ismael Villa, y tendrás muchos más tips de venta.

Con este tip no le estás vendiendo nada al prospecto, le estás dando un contenido de valor. Lo importante con este tip es meterse en el cerebro del prospecto y también meterse en tu corazón. Cuando el cliente, lo aplica y le funciona el tip, se recordará de ti.

El seguimiento, significa, estar el mayor tiempo posible en el cerebro del prospecto.

El seguimiento se realiza cada hora, para que se mantenga la curva del deseo al máximo y allí aprovechar el cierre de la venta.

Los tips que vas a enviar, tienen que estar relacionados a tu producto o servicio.

Si con este tip no cierras la venta, pasas a enviar el otro contenido de valor.

Si te siguen dejando en visto, haces el siguiente paso.

**Seguimiento 3:** Envías otro contenido de valor, en formato de vídeo. El objetivo de este seguimiento es que el cliente no se olvide de ti y posesionarte en su cerebro cómo un ayudador experto.

Tienes que hacer un vídeo de tip de tu producto o servicio, en menos de 1 minuto. Este tip es lo que no mostraste en tu presentación de tu producto o servicio. Al final del vídeo tienes que hacer el llamado a la acción.

Cuando haces tu vídeo el 50 % es tu imagen personal, y te recomiendo grabarte de día, con bastante luz, eso mejora la calidad de tu imagen. Usa la cámara trasera o la mejor resolución de tu celular.

La imagen importa en las ventas. Por eso en tus vídeos tienes que lograr que tu imagen sea lo mejor posible.

Cuando haces tu vídeo, inicia con una pregunta.

¿Sabías qué?

¿Te gustaría aprender?

Te ha pasado que cuando, …

Muchos me preguntan, ¿Cómo puedo…?

Al llegar al punto, de…

Ejemplo:

- ¿Sabías qué? ¿Sí se puede generar ingresos adicionales desde casa, si lo haces de una manera correcta?
- ¿Te gustaría aprender a calificar a tus posibles inquilinos? Tienes que saber su DNI, su nombre, si es buen pagador, aquí te enseño como buscarlo, para saber si es alguien confiable.
- Te ha pasado que cuando, estas usando tu vitrina, ¿Con el tiempo se malogra la chapa? Aquí tienes un tip, para que exactamente, no te pase esto.

- Muchos me preguntan, ¿Cómo puedo pagar menos impuestos? Aquí, tienes un tip, para que puedas reducir tus impuestos de manera legal, sin tener problemas. (Comienzas a hablar del tip)
- Al llegar al punto de decidir si puedes iniciar con un negocio pequeño o entrar a una red de mercadeo ¿Tienes dificultades para elegir?, aquí tienes una solución, (Hablas del tip)

Te recomiendo que lo edites y lo cortes tus vídeos, con las siguientes herramientas, Filmora X, InShot, CapCut, en realidad hay muchas, cualquiera de ellos. Agrega títulos, audios, imágenes, lo que tú deseas. Te recomiendo que utilices un micrófono de tu celular, para que se escuche, mejor el audio. También necesitas, un trípode para que puedas sujetar el celular y esté bien ubicado para una buena grabación de vídeo.

Aquí, otro ejemplo de tip.

Hola, soy Ismael, tu coach, ¿Te ha pasado que llegas al punto que quieres cerrar la venta, y ya no sabes que decir? Hoy te voy a dar un tip, sobre el cierre condicional. En el cierre condicional, utilizas la frase, Si te consigo. Si el cliente te dice por favor un descuento, Y tú, le contestas, si te consigo un descuento, tú lo tomarías, ¿Verdad? Si el cliente dice: Sí. Listo, ya cerraste la venta.

Entonces vamos recordando, el primer seguimiento es una encuesta, luego un vídeo con un tip, después otro vídeo con otro tip. Hasta el momento son tres seguimientos. Si logras cerrar la venta, te felicito.

Pero, sí te dejan en visto, sigue haciendo el seguimiento. Luego harás lo siguiente.

**Seguimiento 4:** Enviar un testimonio, que nos ayuda a reforzar el deseo de compra. Los testimonios, tienen que ser lo más creíbles, se recomienda poca edición de vídeo.

Nada, vende más en la vida, que un buen testimonio. Los testimonios validan lo que estás haciendo, los testimonios venden. El testimonio puede ser captura de pantalla del celular, en formato de vídeo, audio, imagen. Pero el testimonio, en formato de vídeo es muy poderoso a la hora de vender.

Debajo de la captura de pantalla o del vídeo, ponga lo siguiente: ¿Tú también quieres estos resultados?, entonces no esperes más, nos quedan dos cupos, ¿Vas a perderte esta, oportunidad? Permíteme, ayudarte.

Muchos prospectos en este cuarto seguimiento te van a comprar.

Pero también hay prospectos que no te van a comprar y te van a dejar en visto, sigues con el seguimiento para lograr, la venta.

**Seguimiento 5:** Envías el vídeo de contenido de valor, para que el prospecto piense que el sexto seguimiento también es contenido de valor, y sabemos que el sexto seguimiento no es contenido de valor, en realidad este quinto seguimiento es un gancho para el sexto seguimiento, porque el sexto es un cierre de la venta perdida.

**Seguimiento 6:** Envías un vídeo de cierre de la venta perdida con el siguiente contenido.

Justo estaba por enviarte un mensaje, quería preguntarte, ¿Qué hice mal? ¿En qué falle?, te envié la información que me pediste, te envié los tips, te envié el testimonio, ¿Cuánto tiempo vas a postergar, triplicar tus ventas? Si pediste información ahora, es porque no has llegado a tu objetivo de ventas. Estamos donde estamos por el conocimiento que tenemos. Te pregunto, ¿Cómo te ves de aquí a 5 años? Con las ventas triplicadas o como cada mes llegas raspando, apenas para cubrir tus costos de producción. ¿Te gustaría cambiar tu situación? Si quieres mejorar tus ventas. ¿Cuándo, tendrías que empezar? Hoy día o al próximo mes, hoy día o en 6 meses, hoy día o al próximo año. Entonces este es tu momento, no lo postergues más. Sé que no pudiste responder por lo ocupado que estas, te entiendo. Contáctate conmigo ahorita, porque ya nos quedan solo 2 cupos y al inscribirte recibirás tu regalo especial. Al final del vídeo, o sea en la parte de abajo pones el siguiente mensaje: He preparado, este vídeo para ti y no creerás en el final de infarto.

El cierre de la venta perdida, es para generar culpabilidad en tu cliente, él analizará, la situación, dándose cuenta que él es el único culpable de no tomar la decisión de la compra del curso, por ejemplo.

Este vídeo, no lo dejará dormir a tu prospecto, porque en realidad el tiempo avanza y nosotros tenemos que avanzar, el tiempo nunca retrocede, el tiempo es lo más preciado que tenemos como seres humanos. Como no podrá dormir tu prospecto, tienes más probabilidades de que te compre.

Entonces un resumen, primero envías una encuesta, después de una hora, un vídeo de valor, después de una hora, otro vídeo con contenido de valor, luego de una hora un testimonio, después de una hora, un vídeo con otro tip y finalmente después de otra hora, otro vídeo con el cierre de la venta perdida.

Cuando grabas un vídeo con tu celular, habla de manera fluida, si te equivocas no importa, hazlo otra vez. Concéntrate sólo de lo que hiciste bien, y sigue mejorando. Primer intento, segundo intento, y así en la tercera ya te sale bien. No te compliques la vida. Tu cerebro se mueve por estímulos positivos, es por eso que, siempre fíjate en lo bueno que hiciste, así aumentarás tu autoestima y mejorarás de manera rápida. No te critiques a ti mismo porque no es adecuado, te vas a detener. Preguntarás entonces ¿Cuándo me corrijo?, no necesitas corregirte, solito el cerebro mejora y mejora.

Ismael Villa Machuca – www.educadigitalmente.com

## Enlaces de Contacto con Ismael Villa Machuca

## Plataforma de aprendizaje en línea.

https://www.educadigitalmente.com

**Facebook**

https://www.facebook.com/EducaDigitalmente

**TikTok**

https://www.tiktok.com/@ismaelvillamachuca

**Telegram**

https://t.me/educadigitalmente

Ismael Villa Machuca – www.educadigitalmente.com

**Instagram**

https://www.instagram.com/educadigitalmente/

**Correo Electrónico**

villamachucaismael@gmail.com

**WhatsApp**

**(+51) 942008787**

www.ingramcontent.com/pod-product-compliance
Lightning Source LLC
Chambersburg PA
CBHW052315220526
45472CB00001B/133